Fire HD 10 - Tablet – der

Noch mehr Leistung: Alexa, Skills, ..., ... und Tipps – Intelligenz im Tablet!

3.0.1 erweiterte Ausgabe

Von Wilfred Lindo

Impressum

Fire HD 10 - Tablet – der inoffizielle Ratgeber

Noch mehr Leistung: Alexa, Skills, Fakten, Lösungen und Tipps – Intelligenz im Tablet!

von Wilfred Lindo

Der vorliegende Titel wurde mit großer Sorgfalt erstellt. Dennoch können Fehler nicht vollkommen ausgeschlossen werden. Der Autor und das Team von **www.streamingz.de** übernehmen daher keine juristische Verantwortung und keinerlei Haftung für Schäden, die aus der Benutzung dieses Buches oder Teilen davon entstehen. Insbesondere sind der Autor und das Team von **www.streamingz.de** nicht verpflichtet, Folge- oder mittelbare Schäden zu ersetzen.

Alle Warennamen werden ohne Gewährleistung der freien Verwendbarkeit benutzt und sind möglicherweise eingetragene Warenzeichen. Der Verlag richtet sich im Wesentlichen nach den Schreibweisen der Hersteller.

Cover-Foto: © folienfeuer- Fotolia.com / Amazon

Buch-Produktion und -Distribution

Redaktionsbüro Lindo

NEU: Die Seite zu smarten Lösungen: www.streamingz.de

Scan mich! Weitere Ratgeber, die ebenfalls für Sie interessant sind!

ISBN: **9781675115152**

Imprint: Independently published

Updates für dieses Buch

Sicherlich werden in den nächsten Tagen und Wochen noch **weitere Funktionen** beim neuen Tablet Fire HD 10 erscheinen. Wir halten Sie natürlich auf dem Laufenden, so dass wir die Inhalte in regelmäßigen Abständen aktualisieren.

Auch wenn Amazon für diese Fälle eine spezielle automatische Aktualisierung bietet, kann es teilweise bis zu sechs Wochen dauern, bis ein einzelner Titel automatisch aktualisiert wird und somit die Leser die neuen Inhalte auch erhalten.

Dies beansprucht immer viel Zeit. Alternativ können Sie, sofern Ihnen bekannt ist, dass es ein Update zu diesem eBook gibt, den Support von Amazon per Mail anschreiben. Ihnen wird dann das Update dieses Buches manuell eingespielt. Dies geschieht meist innerhalb von24 Stunden.

eBook Update: Spaß und Unterhaltung mit Alexa

Daher tragen Sie sich einfach auf folgender Webseite (**ebookstars.de/ebook-update-amazon-echo-ratgeber**) ein, die wir für unsere Kunden und Leser eingerichtet haben.

Wir verständigen Sie per E-Mail zeitnah, wenn eine aktuelle Überarbeitung der Inhalte vorliegt. So müssen Sie nicht wochenlang auf ein automatisches Update seitens Amazon warten. Oder scannen Sie den notwendigen Link per QR-Code direkt ein. Scan mich!

Inhaltsverzeichnis

Idee dieses Buches

Wer ein vielseitiges Tablet zu einem vernünftigen Preis sucht und sich zudem häufig im Amazon-Universum aufhält, ist mit dem verbesserten **Fire HD 10** bestens bedient. Im Vergleich zum Vorgängermodell hat Amazon für einen deutlichen Leistungszuwachs spendiert. Dieser sorgt für eine flotte Arbeitsgeschwindigkeit bei allen anstehenden Anwendungen.

Zudem ist nun auch der **Sprachassistent Alexa** ohne Knopfdruck (**Hands free**) auf Wunsch verfügbar. Die lange Akkulaufzeit und der erweiterbare Speicher (über **microUSB-Slot**) runden die Leistung bei dem neuen Flaggschiff von Amazon ab.

Zudem sind viele nützliche Details dazugekommen, die den Umgang mit dem Tablet deutlich erleichtern. Beste Beispiele sind der **Bild-in-Bild-Modus** bei der Videowiedergabe, der **Show Modus** oder die neue USB-C-Schnittstelle. Im Vergleich zu anderen Herstellern bietet Amazon weiterhin ein leistungsstarkes und doch günstiges Tablet an, das immerhin mit einem **10-Zoll-Display** mit HD-Auflösung daherkommt.

Durch die Erweiterungen durch Apps und die integrierte Sprachsteuerung präsentiert sich das **Fire HD 10** Tablet als universelle Hardware für unterschiedlichste Anwendungen. Im Inneren werkelt weiterhin **Android 9**. Darüber hat Amazon die hauseigene Oberfläche **Fire OS** gepackt, die einen benutzerfreundlichen Eindruck vermittelt.

Auf den folgenden Seiten erhalten Sie eine umfassende **Beschreibung** der wichtigsten Funktionen des Tablets. Zudem finden Sie eine Fülle von Tipps und Ideen zur individuellen Erweiterung der Hardware. Zusätzlich bietet Amazon auch eine **Kids Edition** an, die speziell für den kindgerechten Umgang mit der Hardware ausgelegt ist. Die Technik ist hierbei identisch. Somit ist dieses Buch auch bestens für dieses Modell geeignet.

Weiterhin halten wir dieses Buch in regelmäßigen Abständen auf einem aktuellen Stand, da Amazon immer wieder neue Funktionen präsentiert. Nutzen Sie dazu auch unseren **Update-Service**.

Viel Erfolg und Spaß wünscht Ihnen

Wilfred Lindo

NEU: Die Seite zu smarten Lösungen:
http://www.streamingz.de

Fire HD 10 Tablet in der Praxis

Das verbesserte Tablet Fire HD 10 aus dem Hause
Amazon bietet im Vergleich zum Vorgänger deutlich mehr
Rechnerleistung, was ein zügiges Arbeiten mit dem Tablet
ermöglicht. Für den relativ günstigen Preis erhält man ein
ordentliches Gerät, dass sicherlich an Top-Geräte wie das
iPad von Apple nicht herankommt. Zudem ist auch dieses
Tablet sehr stark an das Angebot von Amazon gebunden.
Wer allerdings die Dienste des Anbieters sowieso nutzt,
bekommt ein gutes Tablet zu einem vernünftigen Preis.

Abb.: Das verbesserte Tablet Fire HD 10 (Quelle: Amazon)

Entsprechend bietet das Tablet nach der Installation die
wichtigsten Angebote von Amazon auf dem
Startbildschirm. Diese lassen sich ohne tiefgreifende
Kenntnisse nicht entfernen. Dafür bekommt der Nutzer
ein wirklich gut funktionierendes System. Besonders

gelungen ist zudem die Integration von dem hauseigenen Sprachassistent Alexa.

Weiterhin arbeitet das Tablet unter Android, allerdings legt Amazon sein eigenes **Betriebssystem Fire OS** darüber, so dass die ursprünglichen Funktionen und Apps nicht zur Verfügung stehen. Nur wer über das entsprechende Wissen verfügt, kann beispielsweise auch andere Apps nachträglich installieren.

Abb.: Die wesentlichen Komponenten des Fire HDs (Quelle: Amazon)

Eine Gesichtserkennung oder ein Sensor für Fingerprints sucht der Anwender vergeblich. Die Freischaltung des Tablets geschieht per Tastendruck. Dafür bietet das Gerät einen **USB-C Anschluss** (USB 2.0) mit entsprechendem Netzteil und eine Schnittstelle für eine **Mico-SD-Karte**. So kann relativ günstig der Speicher erweitert werden. Zudem ist die Installation spielend einfach und erlaubt auch für den ungeübten Nutzer einen sehr schnellen Einstieg.

Werbung nachträglich ausblenden

Auch das neue Fire HD 10 wird in **zwei Varianten** ausgeliefert. Eine Version ist frei von Werbung und bei der etwas günstigeren Variante werden auf dem Startbildschirm regelmäßig neue Angebote eingeblendet. Für die werbefreie Variante zahlen Sie rund 15 Euro mehr. Wer sich für die Werbe-Variante entschieden hat, kann auch nachträglich noch die Werbeeinblendungen entfernen lassen. Dazu müssen Sie einfach den Kundenservice von Amazon kontakten. Ihnen werden dann die besagten 15 Euro in Rechnung gestellt und kurzfristig verschwinden die werblichen Einblendungen.

Fire HD 10: Verarbeitung und Optik

Das neue Tablet wird in **drei verschiedenen Farben** angeboten: Schwarz, Dunkelblau und Weiß. Das Gehäuse (262 x 159 x 9,8 Millimeter) besteht vollständig aus Kunststoff und kommt mit einem Gewicht von rund 500 Gramm daher. Ein absolutes Leichtgewicht ist somit das Fire HD 10 nicht. Dafür macht das Tablet einen robusten Eindruck und verträgt auch einen rustikalen Umgang. Störende Fingerabdrücke sind auf dem Gehäuse kaum zu sehen. Das Display ist in einem Rand eingefasst, so kann das Gerät gut mit zwei Händen gehalten werden.

Abb.: Das Fire HD 10 im Einsatz (Quelle: Amazon)

Das Tablet wird in zwei Varianten mit jeweils 32 und 64 GB Speicher angeboten. Dieser kann allerdings über eine Speicherkarte (max. 512 GB) erweitert werden. Das 10,1 Zoll Touchscreen Display bietet eine Auflösung von **1920 x 1200 Pixeln** (224 ppi). Dies entspricht einer **Full HD Qualität (**1080p**)**, die für eine vernünftige Ansicht der Inhalte sorgt.

Besonders erfreulich ist der deutlich verbesserte Prozessor. Im Inneren verrichtet ein **Octa-Core-Chip** mit 2 GHz seine Arbeit. Kombiniert mit 2 GB RAM sorgt die Hardware für eine schnelle Verarbeitung. Nach Angaben des Herstellers sind die Akkus für eine Nutzung von rund 12 Stunden ausgerichtet. In der Praxis konnte dieser Wert sogar noch übertroffen werden.

Auch das aktuelle Tablet verfügt über zwei Kameras. Die Frontkamera ist speziell für Videochats ausgerichtet. Über die Kamera auf der Rückseite können Sie Fotos und HD-Videos aufnehmen. Beide 2-MP-Kameras liefern 720p HD-Qualität.

Anschlüsse und Funktionen

Für den Sound sorgen zwei **Dual-Stereo-Lautsprecher**, die sich an der Längsseite des Gehäuses befinden (siehe Öffnungen am Geräterand). Sie liefern einen vernünftigen Klang und sind im mobilen Einsatz ausreichend. Wem die Qualität nicht ausreicht, der kann über den **3,5-mm-Stereo-Anschluss** externe Lautsprecher oder einen Kopfhörer anschließen. Zudem unterstützt das Tablet Fire HD 10 den Dolby Atmos Standard, der natürlich nur durch ein externes Medium (z.B. AV-Receiver oder Soundbar) genutzt werden kann.

Nur mit Ausnahme des **SD-Kartenslots** befinden sich alle Bedienelemente (Ein-/Aus-Taste, Lautstärke) und Schnittstellen (USB-C, Audio) am oberen Rand. Dies gilt auch für das **Mikrofon (**kleine Öffnung**)**.

9,8 mm

Ein-/Aus-Taste   Mikrofon   Lautstärketasten

USB-Anschluss (Typ-C)   3,5-mm-Stereo-Kopfhöreranschluss

Abb.: Die Anschlüsse des Tablets (Quelle: Amazon)

Da auch bei dem Tablet die **Alexa-Sprachsteuerung** verstärkt in den Mittelpunkt rückt, sollten Sie bei der Nutzung und Aufstellung des Gerätes darauf achten. Da nur ein einzelnes Mikrofon verbaut wurde, erreicht die Spracherkennung nicht die Qualität eines Echo-Gerätes (z.B. *Echo Show 5/8* oder *Echo Dot*). Eine Fernfeldtechnologie oder eine Geräuschunterdrückung kommen daher nicht zum Einsatz. Dies macht sich bei ungünstigen Klangverhältnissen deutlich bemerkbar.

Zur drahtlosen Anbindung und der Verknüpfung mit anderen Geräten stehen **Dualband-WLAN** mit allen gängigen Standards (bis zu 802.11ac) sowie **Bluetooth** zur Verfügung.

Ein integrierter **Beschleunigungssensor** sorgt für die rasche Ausrichtung des Bildschirms, abhängig von der jeweiligen Position.

Installation: Fire HD 10 Tablet einrichten

Erfreulicherweise kommt das neue Tablet von Amazon mit relativ wenig Verpackungsmaterial daher. In der klassischen orangefarbenen Umverpackung verbirgt sich das **neue Fire HD10**. Das Gerät ist mit einer Folie eingeschlagen und liegt auf einem Papprücken. In einem zusätzlichen kleinen Karton verbirgt sich das dazugehörige USB-Kabel und das eigentliche Netzteil. Zudem spendiert Amazon ein Garantiekarte und eine sehr kleine Anleitung mit den ersten Schritten in verschiedenen Sprachen.

Lautstärketasten

2-MP-Frontkamera

Ein-/Aus-Taste

Rückseitige 2-MP-HD-Kamera

SD-Kartenslot

Verfügbare Farben

Abb.: Das verbesserte Tablet Fire HD 10 (Quelle: Amazon)

Nach dem Entfernen der Folie ist das Tablet sofort startbereit und ist somit bereits aufgeladen. Nach einem längeren Drücken der **Einschalttaste** (oben rechts) begrüßt das Gerät den Nutzer mit der Wahl der Sprache und der regionalen Einstellungen. Idealerweise entscheiden Sie sich für „Deutsch".

Sofern Sie bereits ein vergleichbares Gerät von Amazon in Betrieb hatten und bei der Bestellung des Tablets angeben haben, dass das Gerät mit ihren **Zugangsdaten** versehen werden soll, erscheint auf dem Display sofort ihr Name. Hat dies nicht funktioniert oder haben Sie auf die Bereitstellung ihrer Zugangsdaten verzichtet, durchlaufen Sie mehrere Menüs, um die Zugangsdaten für **WLAN** und ihr **Amazon-Konto** anzugeben.

Besonders interessant: Wer bereits ein vergleichbares Tablet von Amazon im Einsatz hatte, kann auf vorhandene Backups zurückgreifen. So werden Apps, Spiele, Fire-Einstellungen, Lesezeichen und Suchverläufe direkt übernommen. Sie müssen dazu nur ihr Passwort eingeben und die **Zwei-Schritt-Verifizierung** durchlaufen.

Hinweis: Vergessen Sie dabei nicht, die Option „*In diesem Browser nicht mehr nach Codes fragen*" anzuklicken. Dann ist zukünftig eine zusätzliche Verifizierung nicht mehr notwendig.

Anschließend werden das Backup und ein mögliches Systemupdate eingespielt. Dies kann einige Augenblicke dauern. Zuvor sollten Sie noch einige Fire-Optionen auswählen. Dazu gehören:

- Standortdienste aktivieren

- Fotos und Videos automatisch speichern

- WLAN-Passwörter auf Amazon speichern

Hinweis: Natürlich darf auch ein kleines Video zu Alexa und weiteren Funktionen nicht fehlen. Wer darauf verzichten möchte, spult das Video einfach bis ans Ende. Anschließend können Sie optional den Sprachassistenten Alexa aktivieren und ein bereits vorhandenes Benutzerprofil importieren. Natürlich darf auch etwas Werbung nicht fehlen, sofern Sie beim Kauf nicht auf die Spezialangebote verzichtet haben.

Ohne Vorinstallation

Wer hingegen auf die Vorinstallation des Tablets verzichten hat, muss die notwendigen Schritte zur **Installation** vollständig durchlaufen.

Eine wesentliche Einstellung ist der Zugang zu ihrem WLAN-Netz. Wählen Sie das gewünschte WLAN-Netz aus, dass ihr **Heimnetzwerk** zur Verfügung stellt. Die verfügbaren Netze werden auf dem Display angezeigt. Dazu sollten Sie das notwendige WLAN-Passwort zur Hand haben. Dieses geben Sie über die eingeblendete **Display-Tastatur** direkt per Hand ein. Haben Sie das Passwort korrekt eingegeben, drücken Sie die Taste *„Verbinden"* auf dem Display.

Es erscheint die Meldung *„Verbindung wird hergestellt"* auf dem Bildschirm. Schlägt die Anbindung fehl, geben Sie erneut das Passwort ein oder wählen ein anderes WLAN-Netz.

Hinweis: Parallel zur Einrichtung erhalten Sie meist eine E-Mail-Nachricht mit ersten Anregungen und Informationen zu Ihrem neuen Gerät.

Ist die Verbindung erfolgreich hergestellt worden, werden Sie namentlich begrüßt. Alternativ geben Sie Ihre Zugangsparameter zu dem gewünschten Amazon-Konto an. Je nach Einstellung müssen Sie noch einen **Sicherheitscode** einfügen, der per SMS oder über eine App übermittelt wird. Diesen Code geben Sie ebenfalls über das Display des Tablets ein.

Hinweis: Sofern Sie noch kein Konto bei Amazon besitzen, müssen Sie im ersten Schritt ein neues Konto über die Webseite einrichten. Erst dann können Sie ein neues Gerät anmelden.

Nach dem Einspielen aller Daten und dem Video meldet sich ihr Tablet HD10 mit dem Startbildschirm. Hier sind dann bereits diverse Apps vorhanden.

Hinweis: Bei der Installation werden Sie zudem gefragt, ob ein zusätzliches Kinderprofil erstellen möchten. Darüber lassen sich beispielsweise In-App-Käufe und Werbung auf dem Tablet gezielt unterbinden. Zudem können Eltern auf diesem Wege bestimmte Lernziele und zeitliche Grenzen zur Nutzung definieren. Ferner können sich die Eltern mit Hilfe eines speziellen Dashboards über die genutzten Inhalte informieren.

Navigieren auf ihrem Tablet

Auch wenn im Herzen der Fire ein normales *Android Tablet* ist, hat Amazon es doch geschafft, durch das Einfügen einer eigenen Oberfläche, das gesamte System wie aus einem einzigen Guss erscheinen zu lassen. Nur so kann ein Nutzer ohne größere Vorkenntnisse zu den einzelnen Anwendungen und Funktionen gelangen. Sofern sich ihr Tablet mit dem **Startbildschirm** meldet, haben Sie unterschiedliche Alternativen, um auf ihrem System zu navigieren. Dabei gliedert sich die Navigation in mehrere Ebenen:

- Statuszeile und interaktives Popup-Menü

- Suchfunktion

- Navigationsleiste unterhalb des Suchfeldes

- Buttonleiste am unteren Bildschirmrand

- Show-Modus

- Hand-free mit Alexa

Statuszeile und interaktives Popup-Menü

Am oberen Bildrand befindet sich die Statuszeile, die auch als *Notification bar* bezeichnet wird. Hier finden Sie alle relevanten Zustandsmeldungen Ihres Fire Tablets. Hier finden Sie beispielsweise die aktuelle Uhrzeit, die Stärke des WLAN-Signals oder die momentane Ladung.

Über das Fire HD 10 Tablet lassen sich eine Fülle an Funktionen abrufen. Somit war Amazon gezwungen, eine komplexe **Benutzeroberfläche** einzurichten. Nur so kann ein Nutzer ohne größere Vorkenntnisse zu den einzelnen Anwendungen und Funktionen gelangen. Sofern sich ihr Tablet mit dem Startbildschirm meldet, haben Sie unterschiedliche Wege, um auf ihrem System zu navigieren.

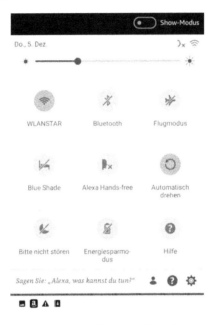

Abb.: Das Popup-Menü des Tablets (Quelle: Amazon)

Sofern Sie die obere **Statuszeile** berühren, erscheint ein zusätzliches **Popup-Menü**, dass Sie über die wichtigsten Einstellungen informiert.

Hier lässt sich die Helligkeit des Displays mit Hilfe eines Schiebereglers einstellen. Auch der sogenannte Show-Modus kann per virtuellem Schalter eingeschaltet werden. Darunter befinden sich einige kreisrunde Schalter, die zudem jeweils den aktuellen Modus anzeigen. Dazu gehören **WLAN, Bluetooth, Flugmodus, Blue Shade Modus, Hand-free-Modus** von Alexa (Verfügbarkeit ohne Tastatur) und **Bildschirmsperre**.

Darunter werden aktuelle Benachrichtigungen des Systems eingeblendet.

Suchfunktion

Auch wenn es auf den ersten Blick nicht so scheint, so verfügt der Fire HD 10 doch über eine sehr leistungsstarke Suchfunktion. Die angebotenen Suchergebnisse gliedern sich dabei in die Bereiche *WEB*, *AMAZON* und *MEINE INHALTE*. Unter *WEB* werden mögliche Treffer im Internet angezeigt, allerdings beschränkt sich das System nur auf eine begrenzte Anzahl an Treffern. Hinter AMAZON präsentiert die Suchfunktion gleichnamige Produkte im Shop von Amazon. Über einen zusätzlichen Filter können Sie die Ergebnisse auf bestimmte Suchkriterien beschränken. Unter MEINE INHALTE suchen Sie direkt auf Ihrem Fire HD 10.

Abb.: Die Navigationsleiste auf der Startseite (Quelle: Amazon)

Navigationsleiste unterhalb des Suchfeldes

Unterhalb der Statuszeile finden Sie die sogenannte Navigationsleiste mit den wichtigen Medienarten:

- **Für Sie**: An dieser Stelle erhalten Sie eine Zusammenfassung von eigenen und neuen Angeboten innerhalb des Amazon Universums.

- **Startseite**: Bei diesem Menüpunkt erhalten Sie eine Übersicht der installierten Apps auf ihrem Tablet.

- **Bücher**: Über diesem Menüpunkt gelangen Sie zu Ihren eBooks. Der Aufbau ist identisch mit den anderen Menüpunkten.

- **Video**: Hier gelangen Sie zu der Seite von Prime Instant Video. Sie finden hier aktuelle Filme und Serien sowie Ihre *Watchliste*, sofern Sie bereits ein Prime Konto bei Amazon besitzen.

- **Spiele und Apps**: Seit einem aktuellen Update wurde diese beiden Bereiche inhaltlich zusammengelegt. Hier werden bereits erworbene Spiele und Apps in der Cloud oder direkt auf dem Gerät angezeigt. Über das *Shop-Symbol* können Sie natürlich auch direkt auf das Online-Angebot von Amazon zugreifen.

- **Einkaufen**: Hier finden Sie einen direkten Zugang zum Amazon-Shop. Dabei wird zwischen physischen und digitalen Produkten unterschieden. Ein Einkauf kann natürlich direkt von ihrem Tablet aus geschehen.

- **Musik**: Bei diesem Menüpunkt springen Sie direkt zu dem Musikangebot von Amazon. Dabei können Sie zwischen verschiedenen Kategorien oder einzelnen Interpreten und Alben wählen.

- **Audible**: Über den nächsten Punkt gelangen Sie zu dem Angebot von *Audible*, dem hauseigenen Anbieter von Hörbüchern.

- **Zeitungskiosk**: An dieser Stelle gibt es für das Kindle Sortiment zwischenzeitlich auch ein kleines Angebot von Zeitschriften. Allerdings handelt es sich hierbei ausschließlich um kostenpflichtige Ausgaben. Nur Kindle Unlimited Mitglieder können im Rahmen ihrer Leistung die jeweils erste Ausgabe der betreffenden Zeitschrift genießen.

- **Bibliothek**: Sofern Sie ein kostenpflichtiges Angebot in Anspruch genommen, werden die betreffenden Inhalte an dieser Stelle abgelegt.

- **Shop**: Im letzten Menüpunkt wird ihnen eine Auswahl an kostenpflichtigen Leistungen vorgestellt. Dazu zählen Zeitschriften, eBooks und Zeitungen.

Buttonleiste am unteren Bildschirmrand

Diese nützliche Navigationsleiste besteht nur aus drei Symbolen und ist für das schnelle Navigieren auf ihrem Tablet äußerst hilfreich: Einen kleinen **Kreis** in der Mitte. Ein **Quadrat** auf der rechten und ein **Dreieck** auf der linken Seite.

Durch einen Klick auf den **Kreis** gelangen Sie jeweils zu der darüberliegenden Ebene. Am Ende gelangen Sie so immer auf die eigentliche Startseite. Über das **Quadrat** rufen Sie eine Übersicht der momentan aktiven Anwendungen auf ihrem Tablet auf. Hier können Sie zu den einen Anwendungen wechseln oder diese schließen. Durch mehrmaliges Anklicken des Quadrates durchlaufen Sie die einzelnen **Anwendungen**, die auf dem Fire HD 10 aktiv sind. Über das kleine Dreieck gelangen Sie zurück zu der zuletzt geöffneten Seite.

Show-Modus

Wird der **Show-Modus** eingeschaltet, wechselt ihr Tablet automatisch in den Sprachassistent von Alexa. Das Gerät verlässt damit die klassische Anzeige des Tablets und nimmt die Ansicht und Funktionalität eines Echo Show Lautsprechers an. Eine vergleichbare Anzeige weist auch die Amazon-Geräte **Echo Show**, **Echo Show 5** und **Echo Show 8** auf. Auf dem Display erscheint eine veränderte Anzeige mit der aktuellen Uhrzeit und den Wetter.

Diese Anzeige kann individuell an die eigenen Wünsche angepasst werden (siehe *Einstellungen*). So können Sie an dieser Stelle entscheiden, welche Informationen dauerhaft im Show-Modus angezeigt werden sollen.

Der Show-Modus kann über zwei unterschiedliche Wege aktiviert bzw. ausgeschaltet werden. Zunächst kann der Show-Modus per Menü aufgerufen werden. Abhängig, wo Sie sich gerade in der Navigation befinden, rufen Sie zunächst die obere **Statuszeile** auf. Daraufhin öffnet sich auch das dazugehörige **Popup-Menü**. An rechten oberen Rand finden Sie den Schalter Show-Modus. Aktivieren Sie an dieser Stelle den Modus, springt das Tablet sofort in die neue Anzeige.

Eine deutlich komfortablere Möglichkeit, um in den Show-Modus mit ihrem Tablet zu gelangen, ist die Nutzung eines speziellen **Ladedocks**. Hierbei handelt es sich um eine spezielle Schutzhülle für das Tablet und dem dazugehörigen Aufsteller. Gleichzeitig kann das Gerät über das Ladedock aufgeladen werden. So können Sie die Inhalte genießen, ohne dabei das Tablet in der Hand zu behalten. Sowie Sie das Gerät in das Ladedock einlegen, wird automatisch der **Show-Modus** aktiviert. Das spezielle Show-Modus Ladedock müssen Sie allerdings separat erwerben.

Hinweis: Der Show-Modus kann auch per Sprachbefehl aktiviert werden: „Alexa, wechsele in den Show-Modus

Der Show-Modus ist speziell für die Nutzung von Alexa entwickelt worden. Hierbei steht nicht unbedingt das manuelle Navigieren im Mittelpunkt. Vielmehr übernimmt in diesem Modus der Sprachassistent Alexa die Führung.

Hand-free mit Alexa

Eine besonders komfortable Form der Nutzung von Alexa ist der sogenannte **Hand-free Modus**. Dabei ist der Sprachassistent Alexa permanent ansprechbar. An dem Tablet selbst müssen dazu keine Eingaben vorgenommen werden. Alle Sprachkommandos werden automatisch über das integrierte **Mikrofon** empfangen und Alexa reagiert entsprechend auf den **Sprachbefehl**. Somit können Sie mit ihrem Tablet ausschließlich über Alexa agieren, ohne dass dabei eine manuelle Eingabe notwendig ist (*Hand-free*). Sie haben ihre Hände für wichtige Aufgaben frei. Die gewünschten Parameter zu Alexa können über die **Einstellungen des Tablets** vorgenommen werden. An dieser Stelle kann der Hand-free Modus auch deaktiviert werden.

Verfügbare Einstellungen beim Fire HD 10

Ihre Tablet Fire HD 10 verfügt über eine große Anzahl an Einstellungen, um das Gerät individuell an ihre Bedürfnisse anpassen zu können. Dazu wurden die gesamten **Einstellungen** als gleichnamige App unter Startseite untergebracht.

Folgende Menüpunkte sind unter *Einstellungen* verfügbar:

- **Internet**: Hinter dem ersten Menüpunkt finden Sie die Parameter für die WLAN-Anbindung, der aktuelle Datenverbrauch und den Flugmodus.

- **Verbundene Geräte**: Das Fire HD 10 bietet unterschiedliche Wege, um sich mit anderen Geräten zu verbinden. Hier finden Sie die dafür notwendigen Einstellungen.

- **Apps und Benachrichtigungen**: Hier finden Sie eine Auflistung der aktuellen Apps und deren individuellen Einstellungen.

- **Akku**: Über diese Einstellungen lässt sich die Leistung des Akkus maximieren, dazu gehören die Reduzierung des Displays und der WLAN-Anbindung.

- **Alexa**: Unter diesem Menü gibt diverse Einstellungen zu Alexa und deren Parametern.

- **Show-Modus**: Die passenden Einstellungen zum Show-Modus auf dem Tablet.

- **Display**: Der Anwender kann u.a. eine adaptive Helligkeit oder den Blue Shade Modus (*Reduzierung von blauem Licht*) für das Display einschalten.

- **Töne**: Hier findet man alle Einstellungen zu den Tönen des Fire HDs.

- **Speicher**: Unter diesem Punkt lassen sich der interne und externe Speicher des Tablets verwalten.

- **Sicherheit und Datenschutz**: An dieser Stelle findet der Nutzer Einstellungen zur Bildschirmsperre und dem Datenschutz.

- **Mein Konto**: Mit diesen Parametern ist das Tablet bei Amazon angemeldet.

- **Profile und Familienbibliothek**: In diesem Abschnitt können zusätzliche Profile für die eigene Familie eingerichtet und verwaltet werden.

- **Kindersicherung**: Verwaltung von Haushaltsprofilen und einer möglichen Kindersicherung.

- **Barrierefreiheit**: Ihr Tablet bietet unter diesem Menüpunkt einige Funktionen, um den Umgang mit dem Gerät zu vereinfachen. Dazu gehören beispielsweise sinnvolle Anpassungen bei der Darstellung von unterschiedlichen Inhalten oder spezielle Audiodienste.

- **Geräteoptionen**: Hier können Sie technische Einstellungen zu ihrem Tablet vornehmen, dazu finden Sie die Punkte Tastatur, Sprache, Datum und Uhrzeit. Darüber hinaus lässt sich der Gerätename abrufen oder aktuelle Updates manuell einspielen.

- **Hilfe**: An dieser Stelle finden Sie einige Anregungen, wenn es Probleme mit ihrem Gerät gibt. Zudem können Sie einen direkten Kontakt zum Support von Amazon aufnehmen. Auch das Einführungsvideo und vergleichbare Grundlagen können unter diesem Menüpunkt abrufen.

- **Rechtliches und Konformität**: Hier finden Sie die rechtlichen Bedingungen unter dem Alexa und die passenden Geräte betrieben werden. Zudem gibt es einen Zugriff auf die verwendete Datenschutzerklärung.

Alexa auf dem Tablet

Bereits seit Ende des letzten Jahres sorgte ein Update für die erweiterte Kommunikationsfähigkeit von Alexa. Damit waren alle verfügbaren Echo-Speaker in der Lage, miteinander Anrufe per Sprache oder Video auszuführen. Damit konnte sogar eine kleine Inhouse-Lösung ausgeführt werden. Mit dem sogenannten Drop-In kann jedes Echo-Gerät, dass sich in dem gleichen WLAN befindet, per Sprachbefehl angesteuert werden. So kann jeder Echo-Lautsprecher zu einem virtuellen Walkie-Talkie umfunktioniert werden.

Mit dem neuen Update für Amazons Sprachassistent funktioniert diese Form der Kommunikation nun auch via Alexa-App auf allen Fire-, Android- und iOS-Tablets. Besonders komfortabel ist dies bei dem aktuellen Fire HD 10-Tablet gelöst worden. Mit der sogenannten Alexa Hands-free-Funktion kann das Telefonieren per Sprachbefehl gestartet werden. Ein zusätzlicher Button muss dazu nicht betätigt werden.

So können Sie Alexa auf dem Tablet aktivieren

Als Sprachsystem wird Alexa natürlich auch mit einem Sprach-Kommando gestartet. Standardmäßig wird der Sprachassistent mit dem Sprachbefehl „Alexa" gestartet. Die Aktivierung über einen separaten Button besteht bei einem Fire Tablet leider nicht.

Grundsätzlich kann für jedes Gerät, dass Alexa unterstützt, ein eigenes Aktivierungswort vergeben werden. Allerdings stehen nur vier Alternativen zur Verfügung: *„Alexa"* (Standardeinstellung), *„Echo"*, *„Amazon"* und *„Computer"*. Eine Änderung ist dann sinnvoll, wenn Sie beispielsweise einen Namen verwenden, der ähnlich klingt.

Auch wenn Sie mehrere Echo-Geräte in Ihrem Haushalt verwenden, ist es durchaus sinnvoll, die verschiedenen Geräte mit unterschiedlichen Aktivierungsnamen zu verwenden. So lässt gezielt ein einzelnes Gerät ansprechend. Ansonsten wird immer das in ihrer Nähe befindliche Gerät gestartet.

Änderung der Aktivierung

Auch hiergeschieht die Einstellung wieder über die Alexa-Webseite oder die Alexa-App:

- Unter *Einstellungen* werden alle aktuell bei Ihnen verfügbaren Geräte aufgelistet.

- Wählen Sie nun das gewünschte Gerät aus, bei dem Sie die Aktivierung verändern möchten.

- Begeben Sie sich zu dem Punkt *Aktivierung Alexa*.

- An dieser Stelle wählen Sie nun das gewünschte Aktivierungs-Wort aus und bestätigen Sie abschließend die Eingabe.

Dabei können im Einzelfall einige Minuten vergehen, bis der neue Begriff aktiv ist.

- Alternativ lässt sich das Aktivierungswort auch direkt über Echo Show anpassen (unter *Einstellungen / Geräteoptionen / Aktivierungswort*)

Auf welchen Geräten arbeitet Alexa?

Amazon baut die Fähigkeiten seines Sprachassistenten Alexa weiter aus. Zudem wird auch die Echo-Hardware weiter ausgebaut. Auf dem deutschen Markt startete das Unternehmen zunächst mit den beiden Lautsprechern **Amazon Echo** und **Echo Dot**. Die Markteinführung fand bereits Anfang 2017 statt. Dabei werden die neuen Geräte zunächst auf dem amerikanischen Markt eingeführt, einige Monate später gelangen die Neuheiten auch auf weitere Märkte. So sind in der Zwischenzeit weltweit weitere Echo-Geräte verfügbar.

Die nächste Generation: Amazon Echo und Echo Plus

Anfang 2017 ging Amazon mit Amazon Echo und Alexa in Deutschland an den Start. Nun folgt die zweite Generation der sprachgesteuerten Geräte. Amazon brachte zunächst den smarten Lautsprecher (**Amazon Echo**) mit einem neuen Design, einem verbesserten Sound und zu einem deutlich günstigeren Preis auf den Markt (2. Generation). Gleichzeitig erhält die verbesserte Echo-Familie auch eine Reihe von neuen Funktionen. Nun folgen auch verbesserte Versionen von **Echo Dot** (Neue Variante: Echo Dot mit Uhr) und **Echo Plus** mit einem integrierten Smart Home Hub.

Oder Sie fragen Alexa selbst: „Alexa, *erzähl mir etwas über das neue Amazon Echo*!"

Zudem brachte Amazon Ende 2018 mehrere Ergänzungen zur Echo-Familie auf den Markt. Für Musikfans präsentiert das Unternehmen den neuen **Echo Sub**. Ein Subwoofer, der für Bass bei der Wiedergabe von Musik, Sprache und Geräuschen sorgt. Mit **Echo Connect** kommt eine Hardware auf den Markt, die ein Echo-Gerät in ein sprachgesteuertes Telefon verwandelt. Weitere Ergänzungen sind bereits angekündigt. Für 2019 ist die **Echo Wall Clock** von Amazon angekündigt. Eine smarte Wanduhr mit Alexa-Anbindung.

Natürlich bietet Amazon auch eine Lösung für die Anbindung an eine Musikanlage. Mit **Echo Link** und **Echo Link Amp** lassen sich bestehende HiFi-Anlagen über Alexa an Streaming-Dienste anbinden. Wer den anspruchsvollen Sound sucht, bekommt nun mit dem **Echo Studio** einen smarten High Fidelity-Lautsprecher.

Amazon Echo Show 5, Show 8 oder Spot - Rund oder kompakt

Die neuesten Geräte in der Reihe der Echo-Familie sind **Echo Show 5** und **Echo Show 8**. Jeweils eine kompakte Smart-Home-Einheit mit einem 5-Zoll bzw. 8-Zoll Display und einer Auflösung von 960 x 480 (1280 x 800) Pixel. Mit dem kompakten Design, einem wirklich guten Klang und einer integrierten Kameraabdeckung, unterstützen die neuen Geräte alle verfügbaren Alexa-Befehle.

Anwender, die es etwas kleiner mögen, aber auf ein Display nicht verzichten möchten, greifen zum Echo Spot. Ein kompaktes Echo-Gerät mit einem 2,5 Zoll-Bildschirm. Rund, kompakt und für jeden Raum im Haushalt geeignet: Platziert auf Schreib-, Nacht- oder Beistelltisch zeigt Echo Spot per Sprachbefehl Nachrichten, Wettervorhersagen oder Live-Feeds von Sicherheitskameras, tätigt Videoanrufe und bietet Zugriff auf Tausende Alexa Skills. In anderen Ländern ist das **Gerät bereits ein Verkaufsschlager**.

Wer mehr wissen will, fragt Alexa einfach selbst: „Alexa, *erzähl mir etwas über Echo Show 5*!" oder „*Alexa, was ist Echo Spot*?"

Amazon Echo Show – die verbesserte smarte Bildbox kommt

Aktuell ist auch **Echo Show der 2. Generation** mit einem 10-Zoll-Display am Start. Eine Kombination aus dem smarten Lautsprecher Amazon Echo und einem

Bildschirm. Die bisherigen Alexa-Funktionen bleiben weiterhin bestehen, es kommt nun noch das Anzeigen von Bildinhalten hinzu. So können Anwender nun auch Video Flash Briefings, Musiktexte, Bildübertragungen von Smart Home-Kameras, Fotos, Wettervorhersagen, To-do- sowie Einkaufslisten und vieles mehr am Bildschirm verfolgen. Freunde und Familienmitglieder, die ebenfalls **über ein Echo Show oder die Alexa App verfügen**, können über die Freisprecheinrichtung per Videotelefonat angerufen werden. Besitzer eines Amazon Echo, Echo Dot oder Echo Plus können Sprachanrufe tätigen oder Textnachrichten versenden. Deutlich verbesserte Lautsprecher sorgen für einen sehr guten Klang, gepaart mit ordentlichen Bässen.

Rufen Sie einige Infos ab: „Alexa, *was ist das Echo Show?"*

Die nächste Generation: Amazon Echo und Echo Plus

Vor rund einem Jahr gab Amazon den Start für **Amazon Echo und Alexa** in Deutschland bekannt. Nun folgt die nächste Generation der sprachgesteuerten Geräte. Amazon bringt den smarten Lautsprecher (**Amazon Echo**) mit einem neuen Design, einem verbesserten Sound und zu einem deutlich günstigeren Preis auf den Markt. Gleichzeitig erhält die verbesserte Echo-Familie auch eine Reihe von neuen Funktionen. Zusätzlich geht **Echo Plus** mit einem integrierten Smart Home Hub an den Start. Dieses Gerät ermöglicht die schnelle Anbindung an unterschiedliche smarte Endgeräte.

Oder Sie fragen Alexa selbst: „Alexa, *erzähl mir etwas über das neue Amazon Echo!*"

Alexa auf Fire TV und Fire TV Stick

Lange beschränkte sich die Nutzung von Alexa nur auf die beiden **Lautsprechersysteme Echo** und **Echo Dot**. Seit kurzer Zeit können Anwender auch die **Streamingbox Fire TV** mit einer Sprachfernbedienung nutzen, um auf den Sprachassistenten von Amazon zuzugreifen. Dies gilt natürlich auch für den **Fire TV Stick** und den neuen **Fire TV Stick 4K** von Amazon. Hierzu kommt auch gleichzeitig eine deutlich verbesserte Sprachfernbedienung auf den Markt, die die Nutzung von Alexa deutlich erleichtert. Das neueste Gerät in der Fire TV-Familie ist der **Fire TV Cube**. Hier rückt der Sprachassistent noch stärker in den Mittelpunkt. Wer nur die Sprachsteuerung für seine

Home-Entertainment-Geräte benötigt, greift zum neuen **Fire TV Blaster**. Neu ist auch die **Fire TV Edition**, eine Serie von Smart-TVs und einer Soundbar unterschiedlicher Hersteller.

Alexa auf Fire Tablets

Neu ist auch die Nutzung von Alexa auf allen Fire Tablets. Dabei wird Alexa sowohl auf den neuen Tablets (z.B. das neue Flaggschiff der Fire Tablets, dem Fire HD 10) als auch auf den älteren Geräten verfügbar sein. Auch das **Fire HD 8** ist nun in einer verbesserten Version verfügbar.

Gleichzeitig stellt Amazon das neue Show-Modus-Ladedock vor. Damit kann das Tablet aufgestellt und geladen werden. Zudem wird das Tablet so in ein mobiles Echo Show verwandelt.

Über ein kostenloses Update des Betriebssystems FireOS hält der Sprachassistent Alexa auch Einzug auf allen anderen Fire Tablets ab der 4. Generation von Amazon. Hält der Anwender zukünftig die digitale Startseite-Taste gedrückt, erscheint am unteren Display-Rand eine blaue Linie. Dann ist Alexa auf dem Fire Tablet aktiv und der Nutzer kann die gängigen Sprachbefehle nutzen. Zusätzlich lassen sich auch einzelne Apps auf dem Tablet starten.

Bei dem neuen **Fire HD 10** führt Amazon erstmals unter dem Begriff *Alexa Hands-free* die Möglichkeit ein, ohne ein Tastendruck den Sprachassistenten zu aktivieren. Ähnlich wie bei Amazon Echo oder Echo Dot kann Alexa einfach mit einem Aktivierungsbefehl (z.B. mit *Alexa*) aktiviert werden. Auf Wunsch kann die dauernde Bereitschaft auch in den Einstellungen des Gerätes ausgeschaltet werden.

Alexa via Amazon Music App auf Smartphones und Tablets

Natürlich ist Alexa auch in der **Amazon Music App** unter iOS und Android und auf der Alexa-App verfügbar. Somit ist Alexa auch Hardware-übergreifend auf Geräten von anderen Herstellern verfügbar. Somit erweitert Amazon die technische Basis für den Sprachassistenten um ein

Vielfaches. Interessant bei der Erweiterung von Alexa ist die Tatsache, dass auf allen Geräten fast der vollständige Funktionsumfang des Sprachassistenten verfügbar ist.

So können über diesen Weg auch Apps gestartet, gewünschte Songs abgespielt oder ein Hörbuch vorgelesen werden. Somit steht der gesamte Funktionsumfang von Alexa nun auch auf mobilen Geräten zur Verfügung. Bei Smart Home Anwendungen beschränkt sich dies natürlich nur auf die Reichweite des eigenen Heimnetzwerkes.

Amazon Alexa jetzt auch unter Windows 10 verfügbar

Ab sofort ist der Sprachassistent Alexa aus dem Hause Amazon auch unter **Windows 10** verfügbar. Dazu steht die Alexa for PC-App im Windows-Store kostenlos zum Downloaden bereit. Damit erhält der Nutzer Zugriff auf die vielen Funktionen und Fähigkeiten von Alexa, ohne dabei eine zusätzliche Hardware (z.B. Echo Lautsprecher) einzusetzen.

Die Alexa App / die Alexa-Webseite

Die zentrale Anlaufstelle für Alexa ist die gleichnamige
App, die es kostenlos für alle gängigen Plattformen gibt.
Gleichzeitig kann die identische Funktionalität auch online
über die Adresse **http://alexa.amazon.de** abgerufen
werden. In beiden Fällen müssen Sie sich mit Ihren
persönlichen Amazon-Daten einloggen. Die App und die
Webseite gliedern sich in folgende Menüpunkte:

- **Startseite**: Auf der Startseite gibt es aktuelle
  Informationen zum System und der Nutzer
  erhält eine Übersicht der bisherigen Aufrufe
  des Alexa-Systems.

- **Aktuelle Wiedergabe**: Hier erhalten Sie einen
  aktuellen Überblick, was gerade über Ihr
  Alexa-System läuft. Hier können Sie auch
  gezielt einzelne Titel ansteuern und die
  momentane Wiedergabe steuern.

- **Musik, Video und Bücher**: An dieser Stelle
  werden alle verfügbaren Dienste unter Alexa
  für Musik und Bücher gelistet. Kurzfristig wird
  auch das Video-Angebot aufgelistet.

- **Listen**: Unter diesem Punkt finden Sie Ihre
  Einkaufs- und Aufgabenlisten.

- **Erinnerungen und Wecker:** Hier finden Sie
  Ihre eigenen Timer und Wecker. Zudem
  lassen sich dazugehörige Einstellungen
  vornehmen.

- **Kontakte:** Alle verfügbaren Kontakte (Rufnummern), die Sie über Alexa anrufen können.

- **Skills**: Sie finden eine Übersicht der verfügbaren Skills. Aktuell sind rund 500 Skills über Alexa abrufbar.

- **Smart Home:** Dieser Menüpunkt ist der Anbindung an spezielle Smart Home-Geräte vorbehalten. Hier lassen sich weitere Funktionen zu eigenen Gruppen zusammenstellen.

- **Zum Ausprobieren:** An dieser Stelle finden Sie Anregungen und Neuerungen rund um Alexa. Die Seite wird regelmäßig gepflegt.

- **Einstellungen**: Alle Parameter für Echo und Alexa, die der Anwender selbst beeinflussen kann, sind hier zu finden.

- **Hilfe und Feedback:** Hier bietet Amazon eine erste Unterstützung für seine Systeme.

Alexa Sprachkommandos für Fire HD 10

Bei den Sprachbefehlen beschränkt sich Alexa auf die wesentlichen Kommandos, um die verschiedenen Dienste zu nutzen. Allerdings sind einige Funktionen zum jetzigen Punktpunkt über das Tablet noch nicht abrufbar. Mit kommenden Updates wird wohl der Sprachumfang noch deutlich zulegen.

Musikwiedergabe über das Tablet

Natürlich ist das Tablet auch für die Musikwiedergabe bestens gerüstet. Wer sich den Alltag mit etwas Musik im Hintergrund verschönern will, für den reicht die Wiedergabequalität des smarten Lautsprechers aus. Legen Sie hingegen Wert auf einen „satteren" Sound, verknüpfen Sie einfach den Echo Show mit einem leistungsstarken Lautsprecher oder einer Soundanlage via Klinkenstecker oder Bluetooth. Wer dann über Alexa auf *Amazon Music*, *Amazon Music Unlimited* oder einen vergleichbaren Dienst (z.B. *Spotify*) zu greifen kann, hat die Qual der Wahl.

Im Idealfall haben Sie so Zugriff auf über 50 Millionen Songs, die Sie nun per Sprachkommando auswählen können. Das umständliche Suchen nach einzelnen Songs hat endgültig ein Ende. Mittels Echo Show kann der Anwender per Sprachbefehl sehr schnell auf seine Lieblingsmusik zugreifen. Alexa kann nun nach unterschiedlichen Kriterien, beispielsweise Stimmung, Tempo, Ära, Popularität, Chronologie sowie nach Neuveröffentlichungen, die passenden Songs heraussuchen und abspielen.

Sprachbefehle, die beim Genuss von Musik weiterhelfen

Sie möchten die neueste Single von einem bestimmten Interpreten hören, aber wissen den Namen des Songs nicht oder haben ihn vergessen? Dieses Kommando hilft weiter:

- „Alexa, spiele die neue Single von [Interpreten]."

Sie möchten die beliebtesten Songs Ihres Lieblingskünstlers hören? Dieses Kommando hilft weiter:

- „Alexa, spiele die beliebtesten Songs von [Interpreten]."

Sie suchen Musik, die Sie in Partylaune für den bevorstehenden Clubbesuch bringt oder die Kinder vor dem Einschlafen schon einmal beruhigen? Diese Kommandos helfen weiter:

- „Alexa, spiele Musik, die gute Laune macht."

- „Alexa, spiele ruhige Kindermusik".

Sie wollen sich entspannen und dabei die passende Jazz-Musik genießen? Dieses Kommando hilft weiter:

- „Alexa, spiele langsame Jazzmusik".

Sie suchen gezielt nach Musik aus einem speziellen Jahr? Dieses Kommando hilft weiter:

- „Alexa, spiele die Hits aus dem [Jahr]".

Sie möchten ein bestimmtes Genre oder einen Künstler aus einer bestimmten Ära anhören? Diese Kommandos helfen weiter:

- „Alexa, spiele [Interpret] aus den 90ern".

- „Alexa, spiele Rock aus den 80zigern".

Sie wollen gerne Musik von einem bestimmten Künstler hören? Dieses Kommando hilft weiter:

- „Alexa, spiele [Interpret]".

Nun möchten Sie das aktuelle Album Ihres Lieblingskünstlers genießen? Dieses Kommando hilft weiter:

- „Alexa, spiele [Name des Albums] von [Interpret]".

Sie bevorzugen Musik eines bestimmten Genres, unabhängig ob es sich dabei um Rock, Pop oder Kindermusik handelt. Alexa spielt dann eine entsprechende Playlist an. Dieses Kommando hilft weiter:

- „Alexa, spiele [Musik-Genre]".

Alexa spielt gerade ein Song, den Sie nicht kennen. Auch hier kann Alexa weiterhelfen. Der Sprachassistent den Interpreten, das Album und den Titel des Liedes. Dieses Kommando hilft weiter:

- „Alexa, wie heißt dieser Song?"

Sie kennen nur eine Textzeile aus einem betreffenden Song. Alexa wird den passenden Song finden.

- „Alexa, spiele das Lied mit der [Textzeile]".

Sie haben keinen bestimmten Musikwunsch? Dann wählt Alexa anhand Ihres bisherigen Musikgeschmacks eine mögliche Playlist aus. Dieses Kommando hilft weiter:

- „Alexa, spiele Musik".

Das Display hilft bei der Musikwiedergabe

Eine Besonderheit bei Echo Show ist zweifelsohne das Display, das eine nützliche Unterstützung bei der Wiedergabe der Musik bietet. So werden parallel beim Abspielen des jeweiligen Songs auch der Name des Interpreten, das Plattencover und auf Wunsch auch der Songtext eingeblendet. Zudem kann durch einen Klick auf das Display die Lautstärke oder innerhalb des laufenden Liedes navigiert werden.

Hinweis: Wer den eingeblendeten Songtext eher als störend empfindet, kann einfach auf das Display klicken und die Option Songtexte berühren. Daraufhin stellt das Gerät das Einblenden des Textes ein.

Navigation bei laufender Musik

Das Display des Echo Shows hilft auch bei laufender Musik weiter. Ein Klick genügt und es werden mehrere Symbole eingeblendet. Die Musik läuft weiter. Im oberen Bereich des Displays finden Sie die Option *Songtexte*. Hier können Sie die gleichnamige Funktion wieder einschalten. Über die darunterliegenden Symbole springen Sie zum vorigen Song bzw. nächsten Song. Das mittlere Symbol stellt die Pausenfunktion dar. Bei einem Klick stoppt die Musik sofort. Bei einem erneuten Klick läuft das Lied an der gleichen Stelle weiter. Die darunterliegenden Symbole sorgen für Endlos-Wiedergabe des laufenden Songs (*linkes Symbol*) oder eine zufällige Wiedergabe von Songs (*rechtes Symbol*).

Hinweis: Die Lautstärke der Musikwiedergabe kann nicht direkt über das Display verändert werden. Erst wenn Sie einen der beiden Schalter für die Lautstärke auf dem Gehäuse betätigen, wird eine Leiste für die Lautstärke auf dem Bildschirm eingeblendet. Anschließend können Sie die betätigen. Allerdings wird die Leiste nur kurz eingeblendet. Alternativ können Sie die Lautstärke der Musik auch mittels Sprachbefehl verändern. Auch in diesem Fall wird die Lautstärkeleiste auf dem Display eingeblendet.

Die wichtigsten Sprachbefehle bei der Musikwiedergabe

Die folgenden Grundsprachbefehle sind bei Alexa und dem Echo Show immer einsetzbar.

Hier sind die wichtigsten Sprachbefehle:

- „Alexa, Stop."

- „Alexa, Lautstärke auf 5." (0-10)

- „Alexa, Lautstärke 11." – *Kleiner Spaß*!

- „Alexa, Ton aus."

- „Alexa, Ton an."

- „Alexa, wiederholen."

- „Alexa, abbrechen."

- „Alexa, (mach) lauter."

- „Alexa, (mach) leiser."

- „Alexa, aus."

- „Alexa, Hilfe."

- „Alexa, rate." – *Hinweis: Alexa errät den nächsten Befehl!*

Perfekt bei der Musikwiedergabe

Die Kombination aus Echo Show und Alexa stellt eine ideale Kombination dar, wenn es darum geht Musik wiederzugeben.

Hier sind die wichtigsten Sprachbefehle:

- „Alexa, spiele Musik" – *Über die Primärquelle, die unter der Alexa-App definiert wurde*

- „Alexa, „Pause." – *bei laufender Musikwiedergabe*

- „Alexa, stopp." – *bei laufender Musikwiedergabe*

- „Alexa, weiter." – *bei angehaltener Musikwiedergabe*

- „Alexa, fortsetzen." – *bei angehaltener Musikwiedergabe*

- „Alexa, zurück." - *bei laufender Musikwiedergabe*

- „Alexa, Neustart." - *bei laufender Musikwiedergabe*

- „Alexa, Wiedergabe." – *bei angehaltener Musikwiedergabe*

- „Alexa, was läuft gerade?" - *bei laufender Musikwiedergabe*

- „Alexa, nächstes Lied" - *bei laufender Musikwiedergabe*

- „Alexa, nächster Song" - *bei laufender Musikwiedergabe*

- „Alexa, mach lauter."

- „Alexa, lauter."

- „Alexa, mach leiser."

- „Alexa, leiser."

- „Alexa, Lautstärke auf [Zahl 1-10]." – Hinweis: *1 ist leise, 10 ist die lauteste Wiedergabe!*

- „Alexa, Ton aus."

- „Alexa, stoppe die Musik."

- „Alexa, Endloswiedergabe."

- „Alexa, spiele den Song mit dem [Text]."

- „Alexa, stelle einen Sleeptimer in [Zahl] Minuten. *- bei laufender Musikwiedergabe*

- „Alexa, stoppe die Musikwiedergabe in [Zahl] Minuten." *- bei laufender Musikwiedergabe*

- „Alexa, spiele den Song, den ich gerade gekauft habe."

- „Alexa, spiele den Song, den ich zuletzt gehört habe."

Alexa, Fire HD und Prime Music

Hier finden Sie einige Sprachbefehle, die aktuell nur unter Prime Music funktionieren.

- „Alexa, Musik mit Prime Music wiedergeben.

- „Alexa, spiele Prime Music."

- „Alexa, spiele etwas Prime Music zur Entspannung."

- „Alexa, spiele Prime Music zum Tanzen."

- „Alexa, spiele Musik von [Interpret] ab."

- „Alexa, spiele die Playlist."

- „Alexa, füge diesen [Song] hinzu."

- „Alexa, spiele aus Prime Music."

- „Alexa, spiele von [Interpret] ab."

- „Alexa, spiele [Genre] von Prime Music."

- „Alexa, Spiele den [Sender] auf Prime."

- „Alexa, spiele Hörproben von [Interpret] ab."

- „Alexa, gibt beliebte Songs von [Interpret] wieder."

- „Alexa, was höre ich gerade?"

- „Alexa, suche Musik von [Interpret]."

- „Alexa, spiele Playlist [...] von [Quelle]."

- „Alexa, spiele die Playlist Beats zur Motivation von Amazon Music."

- „Alexa, spiele [Interpret] auf [Quelle]."

- „Alexa, spiele [Titel] von [Interpret] auf [Quelle]."

- „Alexa, spiele [Musikrichtung] aus dem [Jahr]." – Beispiel: *Pop-Musik, 1976*

- „Alexa, spiele Songs aus dem [Jahr]."

- „Alexa, spiele die beliebtesten Songs von [Jahr] bis [Jahr]."

- „Alexa, spiele [Interpret] von [Jahr] bis [Jahr]."

- „Alexa, Zufallswiedergabe von [Interpret]."

- „Alexa, ich mag diesen Song." – Hinweis: *Funktioniert ausschließlich unter Prime Music*

- „Alexa, ich mag diesen Song nicht." – Hinweis: *Funktioniert ausschließlich unter Prime Music*

Zudem verfügt Alexa auch über Musikwissen, dass Sie zusätzlich abrufen können.

Hier sind die wichtigsten Sprachbefehle:

- „Alexa, wer ist der Sänger von der [Band]? – Beispiel: *Rammstein*

- „Alexa, was war das erste Album von [Interpret]? – Beispiel: *Deep Purple*

Der Nutzer kann auch gezielt nach bestimmten Songs und Interpreten per Sprachbefehl suchen.

Hier sind die wichtigsten Sprachbefehle:

- „Alexa, was gibt es für beliebte Songs von [Interpret]?"

- „Alexa, Hörproben von [Interpret]."

- „Alexa, spiele Hörproben von [Interpret] ab."

- „Alexa, suche [Titel] von [Interpret]."

- „Alexa, suche den Song mit dem [Text]."

- „Alexa, spiele die beliebtesten Songs der Woche."

Darüber hinaus kann jeder Anwender auch *Amazon Music Unlimited* per Sprachbefehl aktivieren. Sofern noch kein Abonnement vorliegt oder die 30tägige Probemitgliedschaft noch nicht genutzt wurde, wird zunächst automatisch die Probemitgliedschaft eingerichtet.

- „Alexa, starte Amazon Music Unlimited."

Natürlich können auch andere Anbieter, die mit Amazon verknüpft sind, per Sprachbefehl abgerufen werden.

Hier sind die wichtigsten Sprachbefehle:

- „Alexa, spiele [Sender]."

- „Alexa, spiele [Sender] auf Tuneln."

- „Alexa, spiele [Podcast]."

- „Alexa, spiele [Podcast] auf Tuneln."

- „Alexa, spiele [Musikrichtung] von Spotify."

- „Alexa, spiele [Name der Playlist] von Spotify."

- „Alexa, spiele den [Songname] von Spotify."

- „Alexa, spiele Songs von [Interpret] von Spotify."

Das Musikangebot von Amazon lässt sich zudem in eine Vielzahl von Musiksparten unterteilen. So lassen sich verschiedene Stimmungen und Anlässe mit der Wiedergabe von einzelnen Musiktitel verknüpfen.

Hier sind die wichtigsten Sprachbefehle:

Weihnachtliches (entsprechende Musikthemen sind zeitlich begrenzt)

- „Alexa, spiele Musik zum Plätzchenbacken."

- „Alexa, spiele rockige Weihnachtslieder."

- „Alexa, spiele Musik zum Glühweintrinken."

- „Alexa, spiele Musik zu Nikolaus."

Andere Anlässe (entsprechende Musikthemen sind zeitlich begrenzt)

- „Alexa, spiele Musik zu Halloween."

- „Alexa, spiele Musik zu Halloween."

- „Alexa, spiele Musik für den Kindergeburtstag."

- „Alexa, spiele Musik zum Geburtstag."

- „Alexa, spiele Musik zur Hochzeit."

- „Alexa, spiele Musik zu Muttertag."

- „Alexa, spiele Musik zu Vatertag."

- „Alexa, spiele Musik für Wintertage."

Entspannung

- „Alexa, spiele Musik zum Einschlafen."

- „Alexa, spiele Musik zum Entspannen."

- „Alexa, spiele klassische Musik zum Entspannen."

- „Alexa, spiele Musik zum Kuscheln."

- „Alexa, spiele Musik zum Frühstücken."

- „Alexa, spiele entspannende Hintergrundmusik."

Aktivitäten

- „Alexa, spiele Musik zum Aufstehen."

- „Alexa, spiele Musik zum Aufwachen."

- „Alexa, spiele Musik zum Frühstücken."

- „Alexa, spiele Musik für die Arbeit."

- „Alexa, spiele Musik fürs Workout."

- „Alexa, spiele Workout Beats."

- „Alexa, spiele langsame Musik."

- „Alexa, spiele Musik zum Tanzen."

- „Alexa, spiele Musik zum Lernen."

- „Alexa, spiele schnelle Musik."

- „Alexa, spiele Gute-Laune-Musik."

Musikrichtungen (alphabetische Sortierung)

- „Alexa, spiele afrikanische Musik."
- „Alexa, spiele arabische Musik."
- „Alexa, spiele Bebop."
- „Alexa, spiele Blues."
- „Alexa, spiele Bollywood."
- „Alexa, spiele Chillout."
- „Alexa, spiele Country Musik."
- „Alexa, spiele Dance-Musik."
- „Alexa, spiele deutsche Musik."
- „Alexa, spiele Dub."
- „Alexa, spiele Easy Listening."
- „Alexa, spiele Funk."
- „Alexa, spiele Hardrock."
- „Alexa, spiele Heavy Metal."
- „Alexa, spiele Hip-Hop."
- „Alexa, spiele House."
- „Alexa, spiele entspannten Jazz."
- „Alexa, spiele Musik für Kinder."
- „Alexa, spiele fröhliche Kindermusik."
- „Alexa, spiele klassische Musik."
- „Alexa, spiele Oldies."

- „Alexa, spiele Pop."

- „Alexa, spiele Rock aus den [Zeiten]." – Beispiel: *90ern*

- „Alexa, spiele Punk."

- „Alexa, spiele Reggae."

- „Alexa, spiele Rockabilly."

- „Alexa, spiele Rockmusik."

- „Alexa, spiele Salsa."

- „Alexa, spiele Ska."

- „Alexa, spiele Soft Rock."

- „Alexa, spiele Swing."

- „Alexa, spiele Tango."

- „Alexa, spiele Techno."

- „Alexa, spiele Volkmusik."

- „Alexa, spiele der [Zeit]." – Beispiele: *20ziger Jahre, 80ziger Jahre.*

Amazon Alexa: Drop In: Ruf mich an

Amazon ist bestrebt mit neuen Echo-Geräten den Markt der Sprachassistenten zu dominieren. Doch auch bei der Software präsentiert Amazon viele neue Funktionen im Zusammenhang mit Alexa. Nun schickt sich Alexa an, auch das Thema Telefonie zu erobern. So ist es mit den aktuellen Updates möglich, von einem Echo zum anderen Echo-Gerät zu kommunizieren. Dies funktioniert auch mit der Alexa-App oder per Echo Dot oder Echo Show. Hier ist sogar eine Video-Telefonie möglich, sofern zumindest zwei Teilnehmer das Videosignal erzeugen bzw. verarbeiten können. Selbst ein Anruf via Smartphone ist möglich. Zwar ist in Zeiten von Facebook, Twitter, SnapChat oder WhatsApp der Informationsaustausch via Messenger nicht wirklich etwas Neues, doch mit Alexa ist die Kommunikation vollständig per Sprachbefehl möglich.

Wer bereits mit Alexa und Echo arbeitet, kann dabei mit unterschiedlicher Ausprägung seine eigene Telefonie betreiben. Wer bereits die neueste Alexa-App (iOS oder Android) auf seinem Smartphone eingespielt hat, kann sogleich mit seiner persönlichen Kommunikation beginnen. Nach dem Update der Alexa-App ist nun ein kleines Symbol als Sprechblase am unteren Rand erkennbar. Über dieses Symbol kann sich der Teilnehmer mit seiner Rufnummer verifizieren. Anschließend wird per SMS ein Code zur Verifikation versendet. Nach erfolgreicher Eingabe des Codes ist die betreffende Telefonnummer im System verfügbar. Anschließend lassen sich über diesen Weg auch noch weitere Kontakte synchronisieren. Dabei greift Alexa nach der Verifizierung auf das Adressbuch des Smartphones zu.

Drop In: Das eigene Haustelefon via Alexa

Will man sich nur auf eine interne Kommunikation beschränken, also nur auf den Nachrichtenaustausch zwischen Echo-Geräten im heimischen Netzwerk, kann der Anwender getrost auf die Verifikation der Rufnummern verzichten. Das sogenannte „Drop In" stellt dann eine Verbindung zwischen zwei Geräten aus dem häuslichen Heimnetzwerk her. Amazon stellt somit ein spezielles „Haustelefon" zur Verfügung, sofern ausreichend Echo-Geräte in den eigenen vier Wänden vorhanden sind.

Anschließend kann der Nutzer direkt mit der Datenübertragung via Alexa beginnen. Wer beispielsweise eine Nachricht von Echo zu Echo versenden will, startet mit einem der folgenden Befehle:

- „Alexa, sende eine Nachricht"

- „Alexa, machen einen Anruf"

- „Alexa, rufe [Teilnehmer / Gerätename] an."

- „Alexa, Drop In für [Teilnehmer / Gerätename]"

- „Alexa, Drop In"

Im zweiten Schritt muss sich der Nutzer nur noch für das jeweilige Gerät oder den betreffenden Teilnehmer entscheiden. Sofern Sie die betreffende Bezeichnung des gewünschten Gerätes nicht kennen, genügt ein Blick in die Alexa-App. Hier sind alle verfügbaren Alexa-Geräte unter *Einstellungen / Geräte* aufgelistet.

Hinweis: Damit die Kommunikation stets korrekt abläuft, sollten Sie den einzelnen Echo-Geräten jeweils einen einprägsamen Namen verpassen. Zum Umbenennen des Namens begeben Sie sich erneut in der Alexa-App zu dem Menüpunkt *Einstellungen / Geräte*. Hier wählen Sie das gewünschte Gerät aus. Unter *Gerätename* lässt sich dann der Name verändern.

Ist ein gewünschter Teilnehmer (auch Gerät) erkannt worden, kann die Kommunikation beginnen. Dabei kann die Drop In-Kommunikation auch direkt über die Alexa-App angestoßen werden. Bei Anruf regt sich sofort das betreffende Echo-Gerät. Sofern ein vorhandenes Gerät angesprochen wird, ertönt ein spezieller Info-Ton und die Lichtringe der beteiligten Geräte färben sich grün und die Kommunikation kann beginnen.

Der betreffende Teilnehmer nimmt die ankommende Nachricht mit dem Sprachbefehl:

- „Alexa, Anruf annehmen"

an. Mit dem Befehl:

- „Alexa, ignoriere den Anruf!"

lehnen Sie den ankommenden Anruf ab. Wer ein laufendes Gespräch beenden will, tut dies mit den Sprachbefehl:

- „Alexa, auflegen"

- „Alexa, Drop In beenden"

Auch wenn der Aufbau der Kommunikation sehr schnell zustande kommt, lässt in manchen Fällen die Qualität der

Kommunikation doch etwas zu wünschen übrig. Dabei scheint die Qualität nicht von der Übertragungsgeschwindigkeit abhängig zu sein. Selbst bei einer sehr guten Netzwerkverbindung war das gesprochene Wort nicht in jedem Fall gut zu verstehen. Hier muss Amazon noch etwas nachbessern.

Kommt eine Kommunikation zustande, so spricht der Anrufer einfach seine Nachricht und Alexa überträgt die gesprochenen Worte. Nur mit einer kleinen Verzögerung wird der Text direkt auf dem anderen Gerät ausgegeben. Die Teilnehmer können direkt über die eingebauten Mikrofone sprechen. Weitere Sprachbefehle an Alexa sind nicht notwendig. Erst wenn die Kommunikation beendet werden soll, drückt der jeweilige Teilnehmer die Aktivierungstaste am Echo-Gerät und gibt den gewünschten Sprachbefehl ein.

Nachrichten versenden und empfangen

Wer nicht direkt mit einem Teilnehmer in Kontakt treten will, kann auch mittels Alexa eine elektronische Nachricht hinterlassen. Dies ist auch dann sinnvoll, wenn der gewünschte Gegenüber nicht erreichbar oder gerade nicht verfügbar ist. Mit folgendem Sprachbefehl wird eine Nachricht hinterlegt:

- „Alexa, sende eine Nachricht an [Gerät / Teilnehmer]"

Dabei müssen Sie die Nachricht nicht zwingend mit einem eigenen Befehl beenden. Vielmehr genügt es, nach der vollständigen Nachricht für einige Sekunden zu schweigen. Alexa nimmt dies wahr und beendet automatisch die Nachricht. Der Empfänger erhält auch hier einen kurzen Info-Ton und der Lichtring färbt sich auch hier grün. Mit dem Sprachbefehl:

- „Alexa, spiele meine Nachrichten ab"

wird die hinterlegte Nachricht abgerufen. Dabei kann die Nachricht auch via Alexa-App jederzeit abgerufen werden.

Hinweis: Aktuell lassen sich vorhandene Nachrichten nicht per Sprachbefehl löschen. Dies kann nur direkt über die Alexa-App geschehen.

Einkaufen mit Alexa

Bei bisherigen Lösungen musste beispielsweise der Sprachassistent auf dem Smartphone per Klick aktiviert werden. Zum Unterschied zu anderen Lösungen ist Echo permanent empfangsbereit und kann jederzeit die gewünschten Sprachbefehle empfangen. Da Amazon in erster Linie ein riesigen Online-Shop darstellt, ist es naheliegend, dass über eine Echo-Einheit auch Bestellungen abgesetzt werden können.

Entsprechend ist es durchaus sinnvoll, die Möglichkeit der Bestellung via Sprachbefehl zu begrenzen. Zumal in der Grundeinstellung von Echo jede Person, die sich in unmittelbarer Nähe des Systems befindet, beliebige Bestellungen absetzen kann. Daher ist es anzuraten, entsprechende Einstellungen vorzunehmen, damit das eigene Kind oder der Handwerker nicht eine Bestellung auf ihre Kosten abgibt.

Die notwendigen Einstellungen können Sie sowohl über die App als auch über die Alexa-Webseite vornehmen.

- Die gewünschten Parameter finden Sie unter dem Menüpunkt *Einstellungen*.

- Anschließend begeben Sie sich zum Unterpunkt *Spracheinkauf*.

- Möchten Sie zukünftig vollständig auf die Möglichkeit verzichten, per Sprachbefehl eine Bestellung bei Amazon abzusetzen, betätigen Sie den dafür vorgesehenen Schieberegler.

- Folglich ist eine Bestellung per Sprachbefehl auf allen angeschlossenen Geräten deaktiviert.

Einkauf per Sprachbefehl via Pin sichern

Möchten Sie auch weiterhin Einkäufe bei Amazon via Alexa tätigen wollen, sollten Sie dennoch zur eigenen Sicherheit einen Sicherheits-Pin einrichten. Die dafür notwendigen Einstellungen finden Sie ebenfalls unter *Einstellungen / Spracheinkauf*.

- Dazu muss zunächst die Funktion des Spracheinkaufs aktiviert sein.

- Anschließend geben Sie unter dem *Menüpunkt Bestätigungscode* anfordern einen 4-stelligen Code ein. Es sind alle gängigen Zeichenfolgen denkbar.

- Klicken Sie anschließend auf den Schalter *Änderungen speichern* ist der gewählte Code sofort aktiv.

- Erfolgt nun eine Bestellung per Sprachbefehl, kann diese nur durch die Angabe des Codes erfolgen. Der Code muss ebenfalls per Sprache genannt werden.

Unser Tipp: Möchten Sie den Code vor einer anderen Person geheim halten, sollten Sie eine Bestellung via Alexa nur ausführen, wenn Sie alleine sind. Ansonsten haben alle Sicherheitsmaßnahmen keinen Sinn, wenn der gewählte Code für alle hörbar ist.

Einen sicheren Code wählen

Wer den Missbrauch seines Systems verhindern möchte, sollte stets einen sicheren Code verwenden. Daher sollten Sie unbedingt einen möglichst unbekannten Code nutzen und diesen in regelmäßigen Abständen austauschen. Hier nun einige Regeln, die es bei der Vergabe von Kennworten zu beachten gilt:

- Vermeiden Sie gängige Modebegriffe und Namen. Diese werden immer an erster Stelle ausprobiert.

- Nutzen Sie auch keine Namen aus dem Familien- oder Bekanntenkreis. Diese sind für einen Außenstehenden relativ einfach zu ermitteln.

- Auch Geburtstermine und wichtige persönliche Daten sind gänzlich ungeeignet als Zugangscode.

- Ähnlich gestaltet es sich mit Namen von Persönlichkeiten und Stars.

- Bilden Sie Passwörter möglichst aus einer Kombination von Buchstaben und Ziffern.

- Benutzen Sie für verschiedene Accounts auch verschiedene Codes.

Ein Großteil der Übergriffe lassen sich mit der Befolgung dieser Regeln abwehren. Denn die meisten Versuche ungeübter Hacker den Zugriff zu ihrem System zu erhalten, geschehen durch das einfache Testen von bekannten Begriffen und Zahlenkombinationen.

Sprachbefehle zur Bestellung via Alexa

Folgende Sprachbefehle stehen zur Aufgabe einer Bestellung unter Alexa zur Verfügung:

- „Alexa, bestelle [Produkt]"

- „Alexa, bestelle [Produkt] erneut"

- „Alexa, füge [Produkt] zu meinem Einkaufswagen hinzu"

- „Alexa, verfolge meine Bestellung"

- „Alexa, wo ist meine Bestellung"

- „Alexa, füge [Produkt] auf meine Einkaufsliste hinzu"

Unser Tipp: Sie können natürlich auch eine aktuelle Bestellung mittels Alexa verfolgen, die Sie auf dem herkömmlichen Weg getätigt haben.

Für jede Bestellung, die Sie per Sprachbefehl aufgeben, erfolgt automatisch ein Eintrag im Verlauf Ihrer Alexa-App oder auf der Alexa-Webseite (*http://alexa.amazon.de*). So können Sie mögliche Bestellungen noch stoppen, sofern diese unrechtmäßig erfolgt sind. Grundsätzlich gelten bei allen Sprach-Bestellungen die gleichen Geschäftsbedingungen (> **siehe Bedingungen**), wie bei herkömmlichen Geschäften. Eine Rückgabe von kostenpflichtigen, digitalen Produkten ist daher nur bedingt möglich.

Alexa-Einkaufsliste

Eine durchaus sinnvolle Lösung ist das Einfügen von diversen Produkten in die eigene Einkaufsliste. Dazu hat Amazon auf der Webseite unter *Meine Listen* eine eigene *Alexa-Einkaufsliste* eingerichtet. So lassen sich beliebige Produkte zunächst in der Einkaufsliste parken. Eine Bestellung können Sie dann zu einem späteren Zeitpunkt direkt am Rechner vornehmen. Ein Bestätigungscode ist hierfür nicht notwendig. Auch wenn Sie den Spracheinkauf abgeschaltet haben, können Sie Produkte in Ihre Einkaufsliste einfügen.

Bestellstatus abrufen

Aktuell gibt Alexa auch Auskunft über den Status einer Bestellung. Gibt es eine Änderung bei dem aktuellen Bestellstatus, so wird dies mit einem gelben Leuchtring (Echo, Echo Spot) bzw. mit einem gelben Balken (Echo Show 8) signalisiert. In diesem Fall rufen Sie mit dem Kommando „Alexa, was sind meine Benachrichtigungen?" die entsprechende Information ab.

Mit dem Sprachbefehl: „Alexa, wo sind meine Bestellungen?" erhalten Sie einen Überblick über die aktuellen Bestellungen. In der Alexa App können Sie selbst bestimmen, welche Benachrichtigungen genutzt werden sollen. Die Optionen dazu finden Sie unter *Einstellungen / Benachrichtigungen / Amazon Shopping*. Wer beispielsweise ein Geschenk erwartet, sollte in diesem Fall alle Benachrichtigungen ausschalten.

Audible Hörbücher mit Alexa auf Fire HD 10 abspielen

Eine wirklich interessante Funktion ist das gezielte Hören von Hörbüchern. Dazu greift Alexa auf digitale **Hörbücher von Audible** zu. Das Tochterunternehmen von Amazon hat sich ausschließlich auf Hörbücher spezialisiert.

Mit mehr als 200.000 Hörbüchern und Hörspielen im Programm ist Audible der größte Anbieter weltweit. Bestseller, Thriller, Romane und Klassiker – bei Audible bietet viele unterschiedliche Genre. Die Kunden laden sich die Hörbücher einfach auf Computer, Smartphone oder Tablet herunter oder lauschen der jeweiligen Geschichte über *Echo* oder *Echo Dot*.

Hinweis: Dazu bietet Audible ein interessantes Angebot. Jeder Neukunde kann Audible für 30 Tage kostenlos testen. Als Prime-Mitglied von Amazon können Sie sogar den **Audible-Service 3 Monate kostenlos** (90 Tage) nutzen. Im Rahmen des Probeabos erhalten Sie drei Monate lang jeden Monat je ein kostenloses Hörbuch (freie Auswahl). Anschließend gibt es keine Mindestvertragslaufzeit. Der Vertrag kann jederzeit gekündigt werden.

Ein Hörbuch per Sprachbefehl steuern

Das eigentliche Highlight bei Amazon Echo ist nicht nur die Möglichkeit, jedes Hörbuch direkt über den integrierten Lautsprecher zu hören, sondern die Steuerung per Sprachbefehl. Dahinter steckt die sogenannte *Whispersync* Technologie (*Whispersync for Voice*), die es ermöglicht, die aktuelle Wiedergabeposition des Hörbuchs festzuhalten. So können Sie an einer beliebigen Stelle im Hörbuch stoppen und zu einem späteren Zeitpunkt wieder einsteigen.

Whispersync for Voice geht allerdings noch einen Schritt weiter. Diese Technik ist zusätzlich auch in der Lage, das betreffende Hörbuch auf allen angeschlossenen Geräten zu synchronisieren. Sie können somit mit einem gewünschten Hörbuch via *Amazon Echo* beginnen und später dies mobil auf ihrem Smartphone oder Fire Tablet weiterhören. Die aktuelle Position im Hörbuch wird über alle Geräte hinweg permanent synchronisiert.

Liegt Ihnen zusätzlich das Hörbuch auch als elektronisches Buch vor, so können Sie sogar eine Synchronisierung zwischen Hörbuch und ebook herstellen. Aktuell sind allerdings noch nicht alle eBooks und Hörbücher mit dieser interessanten Technologie ausgestattet.

Spezielle Sprachbefehle für Hörbücher

Im ersten Schritt müssen Sie ein Abo (**auch das Probe-Abo**) bei Audible abschließen. Anschließend sind die verfügbaren Hörbücher auch *Echo* oder *Echo Dot* verfügbar. Dazu bietet Ihnen der Sprachassistent eine Reihe von speziellen Befehlen, die für die Nutzung von Hörbüchern vorgesehen sind. So können Sie ein bestimmtes Hörbuch starten und stoppen, zum nächsten Kapitel wechseln oder das Abspielen nach einer bestimmten Zeit einstellen.

Folgende Auswahl an Kommandos stehen zur Verfügung:

Hörbuch anhören

- „Alexa, lies [Titel]."

- „Alexa, lese [Titel] vor."

- „Alexa, spiele [Hörbuchtitel] ab."

- „Alexa, spiele das Hörbuch [Titel] ab."

- „Alexa, [Titel] über Audible abspielen."

- „Alexa, Hörbuch über Audible abspielen."

Hörbuch anhalten

- „Alexa, Pause"

Das aktuelle Hörbuch fortsetzen

- „Alexa, mein Hörbuch fortsetzen."

Das Hörbuch 30 Sekunden vor- oder zurückspulen

- „Alexa, gehe vorwärts / zurück."

Zum nächsten oder vorherigen Kapitel wechseln

- „Alexa, nächstes / vorheriges Kapitel."

Zu einem bestimmten Kapitel wechseln

- „Alexa, gehe zu Kapitel [Zahl]."

Ein Kapitel neu starten

- „Alexa, Neustart."

Sleeptimer einrichten oder neu starten

- „Alexa, stelle einen Sleeptimer für [Zahl] Minuten / Stunden."

- „Alexa, höre in [Anzahl] Minuten auf, das Buch vorzulesen."

- „Alexa, beende den Sleeptimer."

Hörspiele mit Alexa

Hörspiele sind eine eigene literarische Kunstform, die in den Anfängen des Radios ihren Ursprung hatte. Bis heute sind Hörspiele bei Jung und Alt beliebt. Es handelt sich dabei um eine Inszenierung einer Geschichte, die mit verschiedenen Sprechrollen, Geräuschen und Musik angereichert wird. So unterscheidet sich das Hörspiel eindeutig von einer Lesung (Hörbuch). Hier kommt meist nur ein Sprecher zum Einsatz. Auf dramaturgische Elemente wie Musik oder Geräusche wird in der Regel verzichtet.

Hörspiele sind weiterhin im Hörfunk anzutreffen. Doch mit dem Streaming lassen sich auch Hörspiele über entsprechende Dienste abrufen. Zudem kann der Leser gezielt in der Handlung navigieren.

Neue Sprachbefehle für Hörspiele

Bisher war das Navigieren mit Hilfe von Alexa bei Hörspielen etwas umständlich. Doch neue Sprachbefehle verbessern deutlich die Steuerung innerhalb eines Hörspiels. Bei Amazon sind Hörspiel unter Amazon Music angesiedelt. Dabei sind besonders für Kinder und Jugendliche entsprechende Hörbuch-Titel vertreten.

Wer zunächst einige Ideen für Hörbücher sucht, nutzt folgenden Befehl:

- „Alexa, hilf mir, ein passendes Hörspiel zu finden"

Ähnlich wie bei elektronischen Büchern und Hörbüchern, werden auch Hörspiele von Amazon synchronisiert. Dies bedeutet, der Hörer kann jederzeit an einer bestimmten Stelle in der Handlung stoppen und zu einem späteren Zeitpunkt das Hörspiel fortsetzen. Dies funktioniert sogar auf unterschiedlichen Geräten.

Hier finden Sie die wichtigsten Sprachbefehle für Hörspiele:

- „Alexa, starte das Hörspiel [Name des Hörspiels]".

- „Alexa, spiel das Hörspiel zum Film [Name des Films]". Beispiel: Ratatouille, Eisprinzessin

- „Alexa, setze [Name des Hörspiels] fort."

- „Alexa, spiel Folge [Nummer] von [Name des Hörspiels]."

- „Alexa, weck mich mit [Name des Hörspiels]."

- „Alexa, spiele ein Hörspiel von [Autor]". Beispiel: *Karl May, John Sinclair*

- „Alexa, welche Hörspiele hast du für [Geschlecht]?" Beispiel: *Mädchen, Jungen*

- „Alexa, welche Hörspiele hast du für [Altersgruppe]?" Beispiel: *Kleinkinder, Grundschulkinder, Erwachsene*

- „Alexa, welche Hörspiele hast du für [Alter]?" Beispiel: *Dreijährige, Zehnjährige usw.*

- „Alexa, welche Hörspiele hast du zum Einschlafen?"

- „Alexa, welche Hörspiele hast du über [Anlass]?"
  Beispiel: *Weihnachten*

- „Alexa, welche Hörspiele hast du über [Thema]?"
  Beispiel: *Fußball, Piraten, Hexen, Zauber, Pferde*

Hinweis: Natürlich können innerhalb eines Hörbuches auch die bekannten Befehle zum Vorspulen, Wiederholen und Stoppen verwendet werden.

Besser organisieren mit Alexa

Alexa ist aufgrund der Fähigkeiten durchaus in der Lage, im Alltag die eigene Organisation zu verbessern. Dazu stehen einige interessante Befehle und Funktionen zur Verfügung. Die Basis bilden dabei die Funktionen des Weckers, des Timers und der Einkaufs- und Aufgabenlisten. Allein mit diesem Instrument lassen sich der berufliche und der geschäftliche Alltag deutlich vereinfachen.

Zeitmanagement mit Alexa

In der heutigen Zeit sind einfach andere Dinge gefragt, um in der schnelllebigen und vernetzten Welt nicht den Durchblick zu verlieren. Idealerweise muss ein System her, dass auf die eigenen Fähigkeiten, Vorlieben und Interessen Rücksicht nimmt. Zudem sollte es sich die heutigen technischen Möglichkeiten zu Nutze machen und eine wirklich unterstützende Wirkung auf das eigene Wirken ausüben. Ein möglicher Ansatz stellt die Unterstützung durch einen Sprachassistenten dar, wie es Amazon Alexa ermöglicht.

Dies ist natürlich ein toller Ansatz, der in der Praxis nicht ganz einfach zu realisieren ist. Wer nur mit einfachen Checklisten und Listen arbeitet, wird sehr schnell an die Grenzen dieses Ansatzes stoßen. Klassische Zeitmanagement-Systeme sind in einer Zeit entstanden, in denen der Einzelne seine Arbeiten Schritt für Schritt abarbeiten konnte. Dies ist allerdings heute kaum noch möglich.

Die Arbeitswelt, aber auch die private Einbindung, hat sich in den letzten Jahren vollständig verändert. Heute werden Anforderungen von dem Einzelnen erwartet, die noch vor wenigen Jahren undenkbar waren. Besonderes die technische Anbindung wird vielerorts gefeiert, doch in Wirklichkeit kommt durch die ständige Erreichbarkeit eine völlig neue Form von Belastung auf jeden Einzelnen zu. Zudem haben sich viele Arbeitsabläufe deutlich beschleunigt. Was vor Jahren noch in aller Ruhe per Post unterwegs war, ist nun per Internet in Sekunden auf dem Tisch des anderen.

Gleiches gilt für die mobile Verarbeitung von Informationen. Per Smartphone und Tablet kann jeder an jedem Ort und fast zu jeder Tageszeit erreichbar sein und entsprechenden Input liefern. Dadurch ist auch die Informationsmenge deutlich gestiegen, die jeder Mensch täglich bewältigen muss. Daher sind dafür auch neue Techniken und Ansätze bei der eigenen Arbeitsoptimierung notwendig.

Unser Tipp: Da Alexa und die Echo-Systeme in der jetzigen Zeit eher einen stationären Einsatz vorsehen, stellen wir an dieser Stelle nur erste Ideen zur besseren Organisation mit Alexa vor, die eher im heimischen Umfeld funktionieren. Dies ist allerdings durchaus auch am Arbeitsplatz möglich, sofern die Sprachkommandos nicht einen Kollegen stören.

Alexa: Die eigene Zeit in den Griff bekommen

Zeit ist ein kostbares und seltenes Gut, das sich unwiderruflich verringert. Für unsere tägliche Arbeit und natürlich auch für unsere Freizeit kann dies nur heißen, dass sie konsequent und effektiv genutzt werden muss. Machen Sie sich diesen Umstand bewusst. Sie können die Zeit nicht aufhalten. Unaufhörlich verrinnt die Zeit. Aber mit einer besseren Planung haben Sie die Chance, die eigene Zeit optimal zu nutzen, anstatt sich von Terminen beherrschen zu lassen.

Allein durch den intelligenten Umgang mit der Zeit können Sie viel Stress im Vorfeld umgehen. Vermeiden Sie einfach Tätigkeiten, die einfach nur Zeit kosten und wenig einbringen. Verwechseln Sie dabei Ihre Freizeit nicht mit Zeitfressern. Auch der sinnvolle Einsatz von Pufferzeiten ist ein gutes Instrument, um Ruhe in die Gestaltung des Tages zu bringen. Hier kann Alexa ein nützlicher Helfer sein. Hier einige Anregungen:

Der Stress beginnt schon am Morgen

Versuchen Sie einen pünktlichen Tagesbeginn. Sie müssen eigentlich nicht zu einer bestimmten Zeit am Arbeitsplatz erscheinen. Trotzdem sollten Sie sich eine Zeitplanung auferlegen, an die Sie sich konsequent halten. Sie haben einfach mehr von jedem Tag. Zudem bestehen Ihre Kunden, Mitarbeiter oder Kollegen unter Garantie auf einer pünktlichen Ablieferung der Arbeit oder Ware. Lassen Sie sich zu bestimmten Terminen einfach wecken.

Dazu einige Befehle für Alexa:

- „Wecke mich um [Uhrzeit] Uhr."

- „Stelle den Wecker auf [Uhrzeit] Uhr."

- „Stelle einen wiederholten Wecker für [Wochentag] um [Uhrzeit] Uhr ein."

Machen Sie eine Pause

Machen Sie regelmäßig Pausen zur Entspannung. Kleine schöpferische Stopps machen Sie auch über einen langen Arbeitstag hinweg leistungsfähig. Planen Sie gezielt im Laufe des Tages ihre Pausen ein.

Dazu einige Befehle für Alexa:

- „Stelle den Timer auf [Anzahl der Minuten] Minuten."

- „Wieviel Zeit ist noch bei meinem Timer übrig?"

- „Welche Timer sind eingestellt?"

- Alexa: der Timer im Einsatz

- „Wie spät ist es?"

- „Wie lautet das Datum?"

- „Für welche Uhrzeit ist mein Wecker gestellt?"

- „Lösche den Wecker für [Uhr] Uhr."

- „Lösche meinen Wecker für [Wochentag, Datum]"

- „Lösche alle Wecker für [Wochentag, Datum]"

- „Welche Wecker sind für morgen eingestellt?"

- „Schlummern." (wenn der Timer oder Wecker aktiv wird)

- „Stopp." (wenn der Timer oder Wecker aktiv wird)

- „Lösche den Timer für [Zahl] Minuten." (bei eingestelltem Timer)

Mit dem Kalender unter Google, Microsoft und Apple verknüpfen

Verwalten Sie mit Alexa ihre laufenden Termine. Dabei können Sie das System mit Google (Gmail und G Suite), Microsoft (Outlook und Office 365) sowie Apple (iCloud) verknüpfen. Nach der Anbindung können Sie per Sprachkommando neue Termine einfügen.

Auch wenn Alexa gerne in der Werbung als Ersatz für eine gute Terminvorlage angepriesen wird, gibt es aktuell noch einige Grenzen in der täglichen Handhabung. Im ersten Schritt muss jedoch über die Kalenderfunktion in der Alexa App der gewünschte Termin verknüpft werden.

Bevor man die Kalender-Funktion nutzen kann, muss zunächst die betreffende Plattform mit der Alexa App verbunden werden. Für jede Plattform (Apple, Microsoft oder Google) müssen dafür unterschiedliche Prozeduren durchlaufen werden. In der App finden Sie die passende Funktion unter *Einstellungen / Kalender*.

Mehrere Kalender gemeinsam verwalten

Insgesamt ist Alexa durchaus in der Lage, Kalender auf unterschiedlichen Plattformen (z.B. Google Kalender, Apple Kalender und Microsoft Kalender) einzubinden. Allerdings ist dies jeweils nur mit einem Konto einer einzelnen Person möglich. Zudem werden bei der Ausgabe aller Termine die Daten aus unterschiedlichen Kalendern miteinander gemischt. Für den Anwender ist es aktuell nicht möglich festzustellen, aus welchem Kalender ein bestimmter Termin stammt. Auch die Abfrage eines einzelnen Kalenders (z.B. Google) ist leider nicht möglich. Dies schränkt die Möglichkeiten bei der persönlichen Terminverwaltung deutlich ein. Daher ist es eher ratsam, seinen Terminverwaltung via Alexa auf einen bestimmten Kalender zu beschränken.

Hinweis: Auch das Einbinden mehrerer Kalender von unterschiedlichen Personen stellt ein Problem dar. Nehmen beispielsweise mehrere Personen an einem bestimmten Termin teil, wird dennoch der Eintrag mehrfach von Alexa genannt. Dies bedeutet, Alexa kann so einen einzelnen Termin nicht einer bestimmten Person zuordnen. Dies lässt sich nur durch eine eindeutige Beschreibung des Termins umgehen.

Insgesamt kann pro Plattform (z.B. Microsoft) immer nur ein Konto mit Alexa verknüpft werden. Wollen allerdings mehrere Personen auf einen Apple Kalender zugreifen, müssen unterschiedliche Alexa-Konten angelegt werden. Hier sollte Amazon unbedingt nachrüsten.

Eintragen von Termine mittels Sprachbefehl

Es gibt diverse Kommandos, um einen neuen Termin in den verbundenen Kalender einzufügen. Durch die Synchronisierung der Systeme erscheint anschließend sofort der genannte Termin im eigenen Kalender (z.B. auf dem eigenen iPhone via Apple Kalender).

Folgende Befehle sind für die Termineingabe vorhanden:

- „Alexa, füge einen Termin zu meinem Kalender hinzu"

- „Alexa, was steht [Termin] für [Uhrzeit] in meinem Kalender?"

- „Alexa, füge meinem Kalender [Aufgabe] für [Datum / Wochentag] um [Uhrzeit] hinzu.

Hinweis: Leider lassen sich einzelne Termine via Alexa nicht mehr entfernen. Es existiert kein geeigneter Sprachbefehl. Somit müssen Sie ein Termin per Hand aus dem Kalender entfernen.

Natürlich funktioniert die Synchronisierung der Termine in beide Richtungen. Werden neue Termine manuell in den betreffenden Kalender eingetragen, so wird dieser Termin ebenfalls von Alexa berücksichtigt.

Allerdings müssen Sie im Vorfeld bestimmen, in welchen Kalender die neuen Einträge zu erfolgen haben. Auch hier ist Alexa nicht in der Lage, einzelne Termine einem bestimmten Kalender zuzuordnen.

Wie funktioniert die Abfrage von Terminen?

Bei der Abfrage nach offenen Terminen werden von Alexa grundsätzlich immer nur die vier nächsten Termine genannt. Möchten Sie weitere Termine abrufen, so muss dies gesondert abgefragt werden. Diese Beschränkung ist durchaus sinnvoll, da bei einem besonders vollen Terminkalender Alexa eine Vielzahl von Terminen vorlesen würde. Mit diesen Sprachkommandos rufen Sie Ihre Termine ab:

- „Alexa, was steht in meinem Kalender?"

- „Alexa, welche Termine habe ich heute"

- „Alexa, welche Termine habe ich?"

- „Alexa, welche Termine habe ich um [Zeitangabe]"

- Insgesamt können Sie Ihre Frage mittels einer genauen Zeitabfrage genau abgrenzen. Dazu erkennt Alexa eine konkrete Uhr, Wochentage, ein Wochenende und Tageszeiten:

- „Alexa, welche Termine habe ich [heute / morgen / übermorgen]?"

- „Alexa, welche Termine habe ich am [Wochentag] um [Uhrzeit]"

- „Alexa, welchen Termin habe ich heute [Abend/Mittag/Vormittag]?"

- „Alexa, welchen Termin haben ich am [Datum]?"

Hinweis: Eine Abfrage von Terminen nach einer bestimmten Monatsangabe ist aktuell nicht möglich.

Grundsätzlich gilt, alle Einträge aus Ihrem Kalender sind für alle Nutzer jederzeit abrufbar. Dies funktioniert über alle verbundenen Alexa-Geräte. Selbst Besucher sind dann imstande, ihre persönlichen Termine, ohne jegliche Sicherheitsabfrage abzurufen.

Erweiterungen durch Skills

Die Echo-Familie und der Sprachassistent Echo sind von Hause aus bereits mit vielen Funktionen gut bestückt. Zumal Alexa permanent weiterentwickelt wird. Im smarten Zeitalter ist natürlich die Verknüpfung mit anderen Geräten besonders interessant. Diese herstellerspezifischen Erweiterungen sorgen dafür, dass Alexa auch mit anderen smarten Geräten zusammenarbeitet. Hier kommen die sogenannten Skills ins Spiel. Skills sind somit Software-Ergänzungen für die Echo-Geräte. Was für ein Smartphone die Apps sind, liefern Skills für die Echo-Welt.

Die eigentliche Stärke sind somit Skills, mit deren Hilfe die Funktionalität von Alexa erweitert werden kann. Es handelt sich dabei um herstellerspezifische Anpassungen einzelner Geräte oder Anwendungen. Amazon legt dazu die Schnittstelle zu dem eigenen Sprachsystem offen. So können theoretisch jede App und jedes smarte Gerät zukünftig via Alexa gesteuert werden.

Entsprechend gibt es sehr unterschiedliche Skills, die sich teilweise auch in ihrer Qualität sehr stark unterscheiden. So gibt es diverse Skills, die kaum einen Zusatznutzen bieten, andere wieder sind ein echter Zugewinn an Leistung.

Installation von Skills

Aktuell gibt es für den deutschsprachigen Markt rund 1.500 Skills. Tendenz stark steigend. Dabei gibt es zwei unterschiedliche Ausprägungen von Skills. Einfache Erweiterungen werden per Klick oder Sprach-Kommando aktiviert und bietet sofort ihre Leistung an. Dies sind meist Skills, die Nachrichten, Infos, Witze oder vergleichbare Inhalte liefern.

Etwas komplexer wird die Angelegenheit, wenn es sich um leistungsstarke Skills handelt, die beispielsweise spezielle Smart Home Lösungen mit Alexa verbinden. Hier sind meist zusätzliche Einstellungen notwendig, damit die gewünschte Funktionalität via Alexa funktioniert.

Der einfachste Weg, um ein Skill zu starten, ist das Aktivieren per Sprachkommando. Dazu benötigen Sie allerdings zwingend die genaue Bezeichnung des Skills. Eine falsche oder ungenaue Bezeichnung führt nur zu einer Fehlermeldung seitens Alexa. Zur Installation eines Skills via Sprachbefehl sind folgende Kommandos relevant:

- „Alexa, aktiviere [Name des Skills]"

- „Alexa, starte Skill [Name des Skills]"

Ein Deaktivieren der jeweiligen Skill per Sprachbefehl ist ebenfalls möglich:

- „Alexa, deaktiviere [Name des Skills]"

Da der normale Nutzer kaum einen Überblick über die unterschiedlichen Skills besitzt, sind alle angebotenen Skills über die Alexa-Webseite oder über die Alexa-App abrufbar. Über den Menüpunkt *Skills* werden alle verfügbaren Software-Ergänzungen in verschiedene Kategorien gelistet. Auch eine integrierte Suchfunktion ist vorhanden.

Über die Apps bzw. über die Webseite können einzelne Skills ebenfalls aktiviert werden. Dazu müssen Sie nur bei der jeweiligen Skill auf den Button *Aktivieren* klicken. Anschließend steht die neue Funktion sofort unter Alexa zur Verfügung.

Unser Tipp: Über den Menüpunkt *Ihre Skills* finden alles Skills, die Sie bereits installiert haben. Besonders auf der App springt dieser Menüpunkt nicht unbedingt ins Auge. Sie finden den Eintrag am oberen, rechten Rand der App unter dem Punk *Skills*.

Voraussetzungen für ein Smart Home mit Alexa

Das Sprachsystem Alexa ist als offenes System konzipiert. Dazu stellt Amazon Drittanbietern die Möglichkeit, über eine standardisierte Schnittstelle auf Alexa zuzugreifen. Mit sogenannten Skills wird so die Funktionalität von Alexa stetig erweitert. Dabei sind diese Skill als reiner Webservice umgesetzt. Auf dem lokalen Echo-Gerät wird keine zusätzliche Software abgespeichert. Vielmehr werden diese Software-Erweiterungen in einer Cloud-Lösung vorgehalten. Der Nutzer kann nun frei wählen, welche Skills für sein Echo-Gerät aktiviert werden sollen. So besitzt jedes verwendete Gerät ein eigenes Profil, in dem die verwendeten Skills gelistet sind.

Dabei ist die Funktionsweise eines Skills immer ähnlich aufgebaut. Wer mit Alexa im heimischen Umfeld arbeiten will, benötigt dazu eine Grundausstattung. Dazu gehört ein Amazon-Konto mit einer Verknüpfung zu Alexa. Ferner muss ein Heimnetzwerk aufgebaut werden, um die verschiedenen, smarten Komponenten zu verknüpfen. Darüber hinaus benötigt der Anwender ein Echo-Gerät, um die gewünschten Sprachbefehle abzusetzen. Abschließend sind natürlich auch smarte Komponenten (z.B. Lampen, Thermostate usw.) erforderlich, die mit Hilfe von Alexa gesteuert werden können.

Die notwendigen Schritte bei der Installation von Skills

Die Installation, Inbetriebnahme und Nutzung von Skills laufen immer ähnlich ab.

- Zunächst müssen Sie die Alexa App auf ihr Smartphone oder auf einem Tablet-PC laden. Die App gibt es kostenlos auf allen relevanten Plattformen. Alternativ können Sie auch alle Einstellungen über die Webseite von Alexa (alexa.amazon.de) vornehmen.

- Über den Menüpunkt *Skills* finden Sie alle relevanten Skills, die es aktuell unter Alexa gibt. Aus der App lassen sich einzelne Skills direkt aktivieren. Über den Menüpunkt Smart Home finden Sie eine Übersicht über die bereits installierten Anwendungen auf ihrem Alexa System.

- In der Regel müssen Sie anschließend Alexa mit dem jeweiligen SmartHome System verknüpfen. Dazu sind in der Regel der Benutzername und das

Passwort notwendig, um die Anbindung zu bestätigen. Er dann ist der Skill aktiv.

- Nun müssen die betreffenden Smart Home Geräte, die über den Skill eingebunden wurden, Alexa bekannt gemacht werden. Der einfachste Weg funktioniert mittels Sprachbefehl: *„Alexa suche nach neuen Geräten"*. Alternativ können Sie diese Aufgabe manuell über die Alexa App im Menüpunkt *Smart Home* über den Punkt *Geräte* erledigen. Dazu klicken Sie auf den Button *Suchen*.

- Im Idealfall erhalten Sie abschließend eine Rückmeldung von Alexa, dass das System ein neues Gerät gefunden haben. Das neue smarte Gerät wird automatisch auch in der App unter *Smart Home / Geräte* angezeigt.

Tipp: Vergeben Sie bei den smarten Geräten immer einen einprägsamen und eindeutigen Namen. Nur so lassen sich die einzelnen Geräte einfach und effektiv steuern.

Skills speziell für Fire HD 10

Aktuell existieren noch sehr wenige Skills, die direkt auf die Funktionalität des Tablets ausgerichtet sind. Dies wird sicherlich in den nächsten Wochen ändern. Dann werden Sie an dieser Stelle einige ausgewählte Skills für das Tablet finden.

Die 10 besten Tipps: so funktioniert Alexa fehlerfrei

Alexa ist ein Sprachsystem, unabhängig ob Sie den Sprachassistenten via Amazon Echo, Echo Show 8, **Fire HD Tablet** oder Fire TV nutzen. Hier kommt es darauf an, dass der virtuelle Assistent mit der sympathischen Stimme Sie auch versteht. Wie bei der Kommunikation zwischen zwei Menschen muss auch Alexa ihre Kommandos gut verstehen. Nur dann erhalten Sie die passende Antwort. Mit Hilfe der folgenden Tipps lassen sich die Ergebnisse per Sprachbefehl deutlich verbessern.

Sprechen Sie laut und deutlich

Auch wenn **Echo-Geräte** mit leistungsstarken Mikrofonen ausgestattet sind, kommt in manchen Fällen das Gesagte nicht korrekt an und Alexa quittiert ihr Sprachkommando mit einer Fehlermeldung oder mit einer unsinnigen Antwort. Dabei ist nicht immer Alexa das Problem. Daher ist das oberste Gebot in der Zusammenarbeit mit Alexa: Sprechen Sie laut und deutlich.

Hinweis: Selbst wenn Sie leicht erkältet sind, können möglicherweise die Sprachbefehle nicht mit der gewünschten Qualität ankommen. Daher verlieren Sie nicht die Geduld. Werden Sie einfach wieder gesund. Auch ein starker Dialekt kann übrigens für Verständnis-probleme sorgen.

Vermeiden Sie Hintergrundgeräusche

Natürlich verschlechtert sich die Kommunikation, wenn diese durch Nebengeräusche gestört wird. Sprechen beispielsweise mehrere Personen in einem Raum oder dringt aus dem geöffneten Fenster störender Straßenlärm an die Mikrofone, dann kann Alexa möglicherweise ihren Befehl nicht verstehen. Daher sollten Sie für Ruhe sorgen, dann funktioniert es auch mit Alexa.

Zu laute Musik stört die Kommunikation

Viele Anwender nutzen Echo-Geräte gerne zum Hören der eigenen Lieblingssongs. Läuft gerade ein Song in entsprechender Lautstärke, dann wird es vielfach schwierig, sich Gehör bei Alexa zu verschaffen. Hier hilft nur schreien oder sie betätigen den Knopf am Gerät, damit Alexa in Bereitschaft geht. Alternativ können Sie natürlich auch die Lautstärke herunterregeln. Dafür müssen Sie allerdings ebenfalls einen Sprachbefehl bei Alexa absetzen.

Wiederholen Sie einfach die Frage

Sollte Alexa einen Befehl einmal nicht korrekt verstehen, so wiederholen Sie Ihre Frage erneut. Schon eine kleine Änderung in der Aussprache kann zu einem Missverständnis führen. Möglicherweise ist auch ihre Frage einfach zu kompliziert, damit Alexa diese verstehen kann. Formulieren Sie ihre Frage um oder vereinfachen Sie den Aufbau der Frage. Bei Alexa gilt: Weniger ist mehr.

Überprüfen Sie die Eingabe

Es gibt einen einfachen Weg festzustellen, was Alexa bei ihrer letzten Frage überhaupt verstanden hat. Sie können jeden Sprachbefehl und die daraus resultierende Alexa-Antwort über die Alexa-App überprüfen. Unter *Einstellungen / Verlauf* finden Sie alle getätigten Sprachbefehle und deren Umsetzung seitens Alexa. Zudem können Sie auf jede einzelne Eingabe klicken, um diese zu bewerten oder sogar zu löschen. Anhand des Feedbacks kann der Anwender die Sprachqualität weiter steigern. Umgekehrt verhindern Sie durch das Löschen von fehlerhaften Kommandos, dass diese weiterhin in der Cloud von Amazon vorgehalten werden.

Die Platzierung des Echo-Gerätes

Natürlich hat auch die Platzierung des Echo-Gerätes einen maßgeblichen Einfluss auf die Qualität, die Alexa abliefert. Versuchen Sie das Gerät zentral in einem Raum aufzustellen, idealerweise bietet sich ein Tisch oder eine Kommode an. So kann das Gerät mühelos alle Sprachkommandos im Raum erfassen. Zudem sollte Echo nicht von einem Gegenstand verdeckt werden. Auch sollte sich kein größerer Gegenstand unmittelbar in der Nähe des Lautsprechers befinden. Dies kann ebenfalls zu einem fehlerhaften Erkennen von Kommandos führen. Auch auf dem Boden hat das Echo-Gerät nichts zu suchen. Platzieren Sie das Alexa-Gerät möglichst in der Höhe von 90 bis 100 Zentimeter im Raum.

Die richtige Halterung für das Gerät

Wer absolut keinen geeigneten Ort zur optimalen Aufstellung von einem Echo-Gerät oder Fire Tablet findet, sollte sich im Handel umschauen. Hier wird mittlerweile eine Fülle an Zubehör für die Echo-Familie angeboten. So gibt es spezielle Halterungen, damit besonders das große Amazon Echo-Gerät einen guten Stand bekommt. Für alle Geräte gibt es unterschiedliche **Halterungen**. So kann das Gerät einfach an der Wand oder an einem anderen geeigneten Ort befestigt werden. Dadurch stört das Echo-Gerät nicht auf einem Tisch oder an einer anderen Stelle. Zudem erhält das Gerät einen optimalen Platz, um alle Sprachbefehle korrekt zu empfangen.

Sprachfernbedienung bei einer größeren Entfernung

Befinden Sie sich sehr weit von dem Alexa-fähigen Gerät entfernt und das Aktivieren per Sprachbefehl ist fast unmöglich, sollten Sie zu einer **Sprachfernbedienung** greifen. Hierüber können Sie direkt in das enthaltene Mikrofon sprechen und Alexa führt umgehend den Befehl aus. Dies funktioniert auch ausgezeichnet bei lauten Nebengeräuschen. Gleichzeitig lässt sich über die Fernbedienung auch die Lautstärke der Wiedergabe steuern. Diese Fernbedienung kann auch mit anderen Echo-Geräten verknüpft werden.

Hinweis: Da die Verbindung zwischen dem Gerät und der Sprachfernbedienung via Bluetooth geschieht, ist kein direkter Blickkontakt zu dem Gerät notwendig. Im

Idealfall können auf freier Strecke bis zu 100 Meter überbrückt werden. In einem Wohnraum reduziert sich diese Verbindungsstrecke natürlich deutlich.

Fire TV zur Sprachsteuerung nutzen

Wer Amazons **Streamingbox Fire TV** oder den Fire TV Stick bereits im Einsatz hat, kann auch darüber die gewünschten Sprachbefehle absetzen. Hier müssen alle Kommandos über die beiliegende Fernbedienung über das integrierte Mikrofon abgesetzt werden. Diese Sprach-Fernbedienungen können auch bei anderen Amazon Geräten genutzt werden.

Störungen ausschließen

Natürlich kann der Dienst bei den Echo-Geräten auch von anderen Elektrogeräten gestört werden, was sich maßgeblich in einer schlechten Leistung bei Alexa niederschlägt. Stellen Sie daher das Alexa-Gerät nicht unmittelbar in die Nähe einer Mikrowelle oder eines Babyphons. Durch die erzeugten Wellen kann es zu deutlichen Störungen beim Betrieb von Alexa kommen.

Standard Apps auf dem Fire HD 10

Bereits bei der Auslieferung finden Sie standardmäßig einige Apps auf Ihrem Kindle vorinstalliert. Dazu gehören folgende Anwendungen.

Abb.: Die Startseite des Tablets Fire HD (Quelle: Amazon)

- **Silk Browser**: Hier finden Sie den speziellen Browser, der auf das Tablet perfekt abgestimmt ist und dem Anwender so ein normales Surfen im Internet ermöglicht (siehe auch **Silk Browser – Im Netz surfen**)

- **AppStore**: Über diese App erhalten Sie Zugriff auf das gesamte Angebot an Apps unter Amazon. Es gliedert sich unter *Kategorien, Startseite, Familie, Bestseller, Für Sie* und *Amazon Coins*.

- **PrimeVideo**: Greifen Sie auf über 20.000 Filme und Serienhits zu. Wer sich für Filme interessiert, ist mit dem Angebot von Amazon Prime Video mit der gigantischen Auswahl bestens bedient (siehe auch **Prime Video**)

- **FreeTime**: Diese komplexe Lösung ermöglicht eine altersgerechte Nutzung von Inhalten in der gesamten Amazon-Welt (siehe auch **Amazon FreeTime**)

- **Bücher**: Natürlich darf der Bereich der elektronischen Bücher nicht fehlen. Sie erhalten Empfehlung für Bestseller und Zugriff auf die bereits erworbenen Titel.

- **Audible**: Mit mehr als 200.000 Hörbüchern und Hörspielen im Programm ist Audible der größte Anbieter weltweit. Über diese App erhalten Sie Zugriff auf das Audible-Angebot. Natürlich können Sie ihre Hörbücher auf Alexa, Fire Tablets, Fire TV oder E-Readern abspielen.

- **Zeitungskiosk**: Das Angebot von Amazon umfasst auch ausgesuchte Zeitschriften und Tageszeitungen. An dieser Stelle können Sie die betreffenden Titel erwerben, laden und natürlich lesen.

- **Amazon Photos**: Der unbegrenzte Fotospeicherplatz speziell für Prime-Mitglieder

- **Spiele**: Dieser Zugang ist speziell für das Angebot von Spielen auf Amazon gedacht. Hier kann der Nutzer seine Spiele verwalten und neue Anwendungen auf sein Tablet laden.

- **Angebote**: An dieser Stelle präsentiert Amazon aktuelle Angebote aus den unterschiedlichsten Bereichen.

- **E-Mail**: Natürlich können Sie mit Ihrem Kindle auch Kontakt per WE-Mail mit anderen Nutzern aufnehmen.

- **Kalender**: Natürlich darf auch ein Kalender auf ihrem Tablet nicht fehlen.

- **Kamera**: Nutzen Sie Ihr Kindle Tablet als mobilen Fotoapparat. Sie finden eine Reihe von nützlichen Funktionen, um Fotos zu schießen und diese anschließend auf dem Tablet oder in der Cloud abzuspeichern.

- **Dokumente**: Verwalten Sie Dokumente in der Cloud oder lokal auf ihrem Tablet.

- **Kontakte**: Verwalten Sie ausgesuchte Kontakte auf ihrem Tablet.

- **Maps**: Mit Maps können Sie navigieren, eine Reiseroute auswählen oder die lokale Verkehrsentwicklung ablesen.

- **Rechner**: Natürlich darf auch ein digitaler Taschenrechner nicht fehlen, der mehr als nur die Grundrechenarten beherrscht.

- **Uhr**: Natürlich darf an dieser Stelle nicht die passende App fehlen, um stets die genaue Uhrzeit anzuzeigen. Darüber hinaus bietet diese App noch eine ganze Reihe von weiteren Funktionen.

- **Wetter**: Rufen Sie das lokale Wetter über die Wetter-App auf. Zudem können Sie weitere Orte und deren Wetter hinzufügen.

- **Hilfe**: Grundlagen zu ausgewählten Themen und Geräten.

- **Einstellungen**: Aufruf der Einstellungen zu ihrem Tablet (siehe auch **Verfügbare Einstellungen beim Fire HD 10**)

- **Meine Videos**: Hier finden Sie ihre persönlichen Videos, die in der Cloud oder auf dem Tablet abgelegt wurden.

- **Fotoimportprogramm**: Spezielle Anwendung zum Überführen von Fotos von einer Digitalkamera auf das Tablet.

- **Dateien**: Verwalten Sie die Dateien auf ihrem Tablet. Dabei wird zwischen Bildern, Videos und Audio-Dateien unterschieden.

- **Musik**: Über diese App greifen Sie auf Amazon Music zu.

- **Amazon**: Selbstverständlich können Sie mit Ihrem Kindle auch auf Shopping-Tour im Angebot von Amazon gehen.

- **Amazon Alexa**: Aufruf der Alexa App (siehe auch **Die Alexa App / die Alexa-Webseite**)

Silk Browser – Im Netz surfen

Der Amazon Fire bietet den Cloud-gestützten Browser Silk zum Surfen an, der eine ganze Reihe von interessanten Möglichkeiten und Einstellungen bietet, die bei den meisten Anwendern überhaupt nicht bekannt sind.

Browser arbeitet mit Tabbed Browsing

Wie bei den meisten modernen Browsern arbeitet Silk mit der sogenannten *Tabbed Browsing* Funktion. Hierbei erhält jede neue Webseite, die unter dem Browser geöffnet wird, einen eignen Reiter (Tab) in der Oberfläche des Browsers. Allerdings aufgrund des begrenzten Platzes können jeweils nur vier Seiten gleichzeitig angezeigt werden. Haben Sie weitere Seiten geöffnet, müssen Sie jeweils mit einem Wisch den Bildschirmschirm zur Seite schieben.

Einen neuen Tab eröffnet Sie einfach, in dem Sie auf das Plus-Zeichen (+) auf der rechten, oberen Seite des Browsers drücken. Zwischen den einzelnen Seiten wechseln Sie einfach durch ein einfaches Anklicken.

Leseansicht - Readerfunktion für Textseiten

Besonders hilfreich ist die sogenannte *Leseansicht*. Mit ihr können Sie nun per Knopfdruck alle überflüssigen Elemente einer Webseite ausblenden und es werden nur die relevanten Informationen eingeblendet. Dies ist besonders bei sehr textlastigen Seiten sehr hilfreich. Dabei erscheint automatisch ein Symbol einer kleinen stilisierten Brille im oberen Bereich des Browsers.

Internetseite als Lesezeichen auf der Startseite

Wussten Sie, dass Sie auch einzelne Internetseiten als Lesezeichen auf dem Desktop Ihres Fires festgelegen können? So sind Sie in der Lage, bestimmte Internetseiten schneller aufzurufen. Sofern Sie sich auf einer bestimmten Seite unter Silk befinden, finden Sie links neben der Webadresse ein kleines Symbol als Lesezeichen. Sofern Sie dieses Symbol berühren, wird automatisch Ihre ausgewählte Seite auf der Startseite eingefügt.

Suchmaschine im Browser ändern

Bei Silk ist als Suchmaschine *Bing* voreingestellt. Dies können Sie allerdings ändern und stattdessen *Yahoo Deutschland* oder *Google* platzieren. Weitere Suchmaschinen sind nicht vorhanden und können auch nicht über einen anderen Weg eingefügt werden. Für die Anpassung wählen Sie den Menüpunkt *Silk-Einstellungen / Suchmaschine*.

Downloads anzeigen

Amazon hat seinem integrierten Browser eine separate Download-Funktion spendiert. Grundsätzlich können Sie wie bei jedem anderen Browser die unterschiedlichsten Daten auf den eigenen Rechner herunterladen. Dies ist auch bei dem Fire vorgesehen. Sie halten einfach für einen Moment einen Finger auf die gewünschte Datei und es öffnet sich ein separates Fenster. Hier entscheiden Sie sich für den letzten Menüpunkt *Bild speichern*.

Anschließend wird die Datei heruntergeladen. Damit Sie nicht den Überblick über die einzelnen Downloads verlieren, rufen Sie über das *Seiten-Symbol* das Dialogfenster auf. Hier finden Sie den Menüpunkt *Downloads*. Sie rufen damit eine Übersicht der gemachten Downloads auf, die zusätzlich noch nach Größe sortiert werden können.

Cookies und Verläufe löschen

Was viele Anwender nicht wissen, auch ein Fire legt beim Surfen die gesammelten Cookies auf dem Gerät ab. So kann problemlos der Verlauf Ihrer Besuche aufgezeichnet werden. Dies ist auf der einen Seite eine sehr komfortable Form des Surfens, bietet aber auf der anderen Seite auch Lücken in der eigenen Sicherheit.

Dabei müssen Sie beim Fire Tablet zwischen *Cookies, Cache* und dem *Verlauf* unterscheiden. Alle gespeicherte nDaten (*Cookies, Cache, Verlauf*) lassen sich über die *Silk-Einstellungen* löschen. Dies kann dann sinnvoll sein, wenn

Sie vermeiden möchten, dass man nachvollziehen kann, was Sie bisher im Internet gemacht haben. Allerdings sorgen diese Einstellungen auch für ein komfortables Surfen im Internet.

Tipp: Dennoch sollten Sie diese Daten in regelmäßigen Abständen löschen, denn diese temporären Dateien nutzen natürlich auch den begrenzten Speicherplatz, den Sie für andere Informationen auf dem Kindle benötigen.

Amazon FreeTime – Altersgerechte Nutzung des Tablets

Mit *FreeTime* bietet Amazon einen geräteübergreifenden Dienst (Kindle Reader, Kindle Tablets, Fire TV), der für Kindern einen kontrollierten Zugriff auf ausgesuchte Inhalte ermöglicht. Zudem werden bestimmte Zugänge, beispielsweise der ungehinderte Zugriff auf den Amazon-Shop, Social Media Funktionen oder der Weg ins Internet, automatisch für das Kind blockiert. So kann gewährleistet werden, dass ein jüngeres Kind auch wirklich nur altersgerechte Inhalte nutzen kann.

Bevor Sie jedoch *FreeTime* auf Ihrem Kindle nutzen können, müssen Sie im ersten Schritt ein Passwort für die Kindersicherung und ein Profil für Ihr Kind erstellen. Bei der Erstinstallation klicken Sie auf den Punkt *„Erste Schritte"*. Hierüber werden alle relevanten Daten eingetragen. Zu einem späteren Zeitpunkt lassen sich dann alle Angaben auch nachträglich an die eigenen Bedürfnisse anpassen.

Jedem Profil kann ein Bild, der Name des Kindes, das jeweilige Geburtsdatum sowie das Geschlecht zuordnet werden. Insgesamt lassen sich maximal vier unterschiedliche Profile einrichten. Nach dem eigentlichen Anlegen des Profils für ein bestimmtes Kind, können Sie anschließend ausgesuchte Inhalte dem Profil zuordnen. Nur die Programme (Apps), die im betreffenden Profil zugelassen wurden, können von dem Kind auch genutzt werden.

Der zweite, interessante Funktionsbereich von *FreeTime* sind *tägliche Ziele und Zeitlimits*, um die Nutzung der

Inhalte zeitlich zu begrenzen. Hier gibt es zunächst die zeitliche Unterteilung zwischen *den Wochentagen* und *den Wochenenden*. Es lassen sich dazu unterschiedliche Zeitbereiche für die Schlafenszeit und der Zeit für das Verbringen am Gerät festlegen. Darüber hinaus lassen sich Lernziele für Bücher, Videos und Apps einrichten.

Eltern können so Lernziele für ihre Kinder festlegen und sich darauf verlassen, dass die gesetzten Ziele erreicht werden, bevor sich der Nachwuchs dem reinen Vergnügen zuwendet. Allerdings gibt es keine inhaltliche Prüfung der Inhalte. Dies müssen die Eltern bereits im Vorfeld selbst erledigen.

Besonders interessant an *FreeTime* ist zweifelsohne die Tatsache, dass die angelegten Profile zentral verwaltet werden und somit auch geräteübergreifend genutzt werden können. Dabei werden natürlich auch die unterschiedlichen Inhalte berücksichtigt. Unter Fire TV stehen eher Apps, auf einem *Kindle eBook Reader* elektronische Bücher im Mittelpunkt.

Tipp: Äußerst effektiv ist *FreeTime* beim Umgang mit eBooks. Dabei wurden die Kontrollmöglichkeiten von *FreeTime* für Eltern deutlich erweitert. Diese sollen helfen, die Lesefreude der Kinder zu fördern. Sie können tägliche Leseziele für Ihr Kind festlegen, gezielt Bücher für ihr Kind auswählen und den Lesefortschritt überprüfen. Kinder werden mit Auszeichnungen für das Erreichen bestimmter Leseziele belohnt. Die gelesene Gesamtzeit, die nachgeschlagenen Worte, die erreichten Leseziele und die zu Ende gelesenen Bücher werden für die Eltern in einem Bericht zusammengefasst.

Kamera – Fotos schießen

Nutzen Sie Ihr Kindle Tablet als mobilen Fotoapparat. Sie finden eine Reihe von nützen Funktionen, um gute Bilder zu schießen und diese anschließend abzuspeichern.

Amazon Shop – Shoppen mit Amazon

Hierüber finden Sie den direkten Weg zum Shop von Amazon. Dabei wird die Unterscheidung zwischen *Physischen Produkten* und *Digitalen Produkten* unterschieden. Sie finden die Unterteilung zwischen Bücher, Video, Musik, Spiele, Apps, Hörbücher und Amazon Prime.

Gutscheine nutzen

Natürlich können Sie auch direkt über den Fire einen Gutschein einlösen, um dann diesen Betrag für kostenpflichtige Daten (z.B. Musik, Videos, eBooks) zu nutzen. Dabei sollten Sie im ersten Schritt zunächst den Gutschein einlösen. Direkt während des Kaufvorganges ist dies nicht möglich.

Begeben Sie sich zu dem Menüpunkt *Einstellungen / Anwendungen / App-Shop / Amazon.de Geschenkgutschein*. Hier finden Sie ein Eingabefeld, in das Sie den Geschenke-Code eintragen. Der aktuelle Kontostand wird direkt angezeigt. Anschließend können Sie bei Amazon einkaufen gehen. Geeignete Gutscheine können Sie online direkt bei Amazon erwerben oder bei einem vergleichbaren Anbieter. Gerne werden Amazon-Gutscheine auch bei Wettbewerben und Preisausschreiben als Gewinn genutzt. Also mit etwas Glück können Sie bald den ersten Gutschein einlösen.

Fast täglich Gratis-Angebote

Natürlich greift der Fire auch auf die bekannten Apps zurück. Diese kleinen Programme lassen sich in Sekundenschnelle auf den Fire herunterladen. Sie sorgen für die schnelle Erweiterung des eigenen Gerätes. Es gibt unzählige Apps, die die unterschiedlichsten Anwendungen präsentieren. Das Angebot reicht von aufregenden Spielen, über gängige Kommunikationsprogramme bis hin zu komplexen Lösungen.

Werfen Sie unbedingt in regelmäßigen Abständen einen Blick in den App-Shop von Amazon. Hier gibt es regelmäßig kostenlose Angebote von einzelnen Apps. So sparen Sie Geld und können in Ruhe einzelne Apps testen.

Uhr – immer zur rechten Zeit

Amazon hat dem Fire HD eine äußerst leistungsstarke Uhr spendiert, die u.a. verschiedene *Zeitzonen* anzeigen kann. Zusätzlich bietet das Uhren-App noch weitere Funktionen, die äußerst nützlich sein können. So sind beispielsweise auch ein *Wecker*, eine *Stoppuhr* und einen *Timer* enthalten. Zudem gibt es noch eine spezielle Anzeige, wenn sich Ihr Kindle auf dem *Nachttisch* befindet.

Professionelle Nutzung Ihres Tablets Fire HD

Natürlich bietet Ihr leistungsstarkes Tablet, aus dem Hause Amazon, noch eine ganze Reihe von weiteren Funktionen und Möglichkeiten.

- Ordnung schaffen

- Multitasking kostet Geschwindigkeit

- Ab sofort Anrufe per Tablet möglich

- Professionelle Dateneingabe

- Sicherheit & Nutzung

- Tricks und Tipps mit dem Fire Tablet

Ordnung schaffen

Nach einer gewissen Zeit füllt sich jeder Kindle mit einer Vielzahl von Dateien und die sogenannte *Home-Ansicht* wird schnell unübersichtlich und der Anwender ist nur noch am Blättern. Abhilfe sorgen sogenannte *Collections* oder *Sammlungen*. Sie stellen spezielle Unterverzeichnisse auf dem Kindle dar, in denen Sie beliebige Dateien einfügen können. So bringen Sie Ordnung auf den Kindle.

Hier existieren bereits unzählige Unterverzeichnisse auf dem jeweiligen Gerät, allerdings sind diese nur zugänglich, wenn Sie das Gerät an Ihren Rechner anschließen. Wer auch direkt über den *Fire* zugreifen möchte, sollte sich die kostenlose App *ES Datei Explorer* herunterladen.

Ihre Inhalte in Cloud-Sammlungen organisieren

Bisher konnten Sie Ihre eBooks, Dokumente und Apps in Sammlungen auf Ihrem Kindle zusammenfassen und somit für Ordnung sorgen. Nun können Sie auch Sammlungen innerhalb der Cloud anlegen. Diese lassen sich bei eBooks und Apps in beliebiger Anzahl erzeugen.

Dabei ist das Anlegen von Cloud-Sammlungen denkbar einfach. Begeben Sie sich im ersten Schritt in den Bereich Ihre Bücher bzw. Apps auf Ihrem Kindle Fire. Im oberen Menü wählen Sie die Option *Cloud* aus. So befinden Sie sich anschließend im Bereich der Cloud. Nun klicken Sie das Menü-Symbol an der linken Seite des Menüs an.

Wählen Sie hier den Menüpunkt *Sammlungen* aus. Sofern Sie bereits eigene Sammlungen angelegt haben, werden diese nun angezeigt. Liegt noch keine Sammlung vor, ist dieser Bildschirm noch leer.

Zum Anlegen einer Sammlung innerhalb der Cloud wählen Sie das *Plus-Symbol* im Menü an. Es öffnet sich das Dialogfenster *Sammlung erstellen* und Sie geben den gewünschten Namen ein. Anschließend öffnet sich ein weiteres Fenster und es werden alle Apps bzw. eBooks in Ihrer Cloud aufgelistet. Soll ein oder mehrere Apps oder eBooks in die neue Sammlung verschoben werden, markieren Sie die betreffende Anwendung. Nach dem Anklicken des Buttons *Hinzufügen*, befindet sich der gewünschte Titel in der neu angelegten Cloud-Sammlung.

Jedes App und jedes eBook kann auch in mehrere Sammlungen verteilt werden. Zudem können jederzeit weitere Titel in eine Sammlung eingefügt bzw. entfernt werden.

Synchronisierung von Lesezeichen, Notizen und Markierungen

Eine besonders interessante Funktionalität ist zweifelsohne die Gerätesynchronisierung zwischen Ihrem Kindle, anderen Kindle Geräten und den unterschiedlichen Kindle Lese-Apps. Dabei wird immer auf die zuletzt gelesene Seite synchronisiert. Die

Synchronisierung verfolgt zudem alle Lesezeichen, Markierungen und Notizen, die Sie hinzufügen, sodass Sie diese auf einem anderen Kindle anzeigen können.

Die Synchronisierung sowie die Aktivierung einzelner Geräte und Apps können ausschließlich über die Webseite von Amazon über den Menüpunkt *Mein Konto / Mein Kindle* eingestellt werden.

Multitasking kostet Geschwindigkeit

Auch wenn in den Werbeaussagen von Amazon nur wenig über die Tatsache publik wird, der Fire arbeitet seine einzelnen Arbeitsschritte Multitasking ab. Somit ist das Gerät in der Lage, unterschiedliche Prozesse gleichzeitig zu erledigen. Doch es ist nicht immer eindeutig, welche Tasks gerade noch laufen. Wenn beispielsweise ein App nicht sauber programmiert wurde, dann kann es sogar sein, dass das betreffende Programm im Hintergrund weiterläuft.

Im Zweifelsfall laufen viele unnötige Prozesse beim Kindle noch ab und die Arbeitsgeschwindigkeit sinkt. Da das System des Kindles dafür keine eigene Lösung anbietet, um die aktuell laufenden Task aufzuzeigen, müssen Sie selbst im System nachschauen.

Begeben Sie sich zu folgendem Menü *Einstellungen > Anwendungen > Installierte Anwendungen*. Hier setzen Sie den Filter nach *Aktive Anwendungen*. Nun bekommen Sie eine Übersicht über alle laufenden Apps und Anwendungen, die momentan aktiv sind. Im Zweifelsfall lassen sich nun einzelne Anwendungen direkt über dieses Menü beenden. Doch Sie sollten bedenken, dass es teilweise zu Fehlern auf Ihrem System kommen kann, wenn Sie die falsche Anwendung beenden.

Ab sofort Anrufe per Tablet möglich

Bereits seit einigen Monaten können Nutzer eigene Sprach- und Videoanrufe über jeden Echo-Lautsprecher von Amazon tätigen. Nun hat Amazon ein Update eingespielt, damit diese Funktion auch für Tablets über die Alexa-App zur Verfügung steht.

Bereits seit Ende des letzten Jahres sorgte ein Update für die erweiterte Kommunikationsfähigkeit von Alexa. Damit waren alle verfügbaren Echo-Speaker in der Lage, miteinander Anrufe per Sprache oder Video auszuführen. Damit konnte sogar eine kleine Inhouse-Lösung ausgeführt werden. Mit dem sogenannten Drop-In kann jedes Echo-Gerät, dass sich in dem gleichen WLAN befindet, per Sprachbefehl angesteuert werden. So kann jeder Echo-Lautsprecher zu einem virtuellen Walkie-Talkie umfunktioniert werden.

Alexa Hands-free-Funktion erlaubt die Telefonie auf Zuruf

Mit dem neuen Update für Amazons Sprachassistent funktioniert diese Form der Kommunikation nun auch via Alexa-App auf allen Fire-, Android- und iOS-Tablets. Besonders komfortabel ist dies bei dem aktuellen Fire HD 10-Tablet gelöst worden. Mit der sogenannten Alexa Hands-free-Funktion kann das Telefonieren per Sprachbefehl gestartet werden. Ein zusätzlicher Button muss dazu nicht betätigt werden.

Etwas umständlicher gestaltet sich die Alexa Telefonie bei anderen Tablets von Amazon (beispielsweise bei Fire 7 oder Fire HD 8) oder einem Tablet von einem anderen Hersteller. Hier muss zunächst die Alexa-App manuell per Anklicken gestartet werden. Immerhin lässt sich bei den Tablets aus dem Hause Amazon Alexa mittels Home-Button aktivieren. Anschließend stehen alle neuen Funktionen für die Kommunikation im vollen Umfang zur Verfügung.

Android-Tablets von andern Anbietern oder Apple iPads in seinen verschiedenen Ausprägungen besitzen natürlich keinen speziellen Start-Button, um Alexa auf Tastendruck zu aktivieren. Hier funktioniert die Alexa-Telefonie ausschließlich über die Alexa App, die ebenfalls durch den Anwender manuell gestartet werden muss. Ebenfalls per Hand muss die gewünschte Funktion unter der App gestartet werden. Im Umfang der Funktionalität bei der Kommunikation gibt es dann keine Unterschiede zwischen den verschiedenen Tablets.

Die erste Einrichtung des neuen Dienstes ist denkbar einfach gelöst. Nach dem erfolgreichen Einspielen des Updates für die Alexa-App wird der Anwender gefragt, ob dem Sprachassistent der Zugriff auf die Kontakte auf dem betreffenden Tablet erlaubt wird. Gibt der Anwender sein Einverständnis, muss nur noch die eigene mobile Rufnummer auf dem Tablet bestätigt werden. Anschließend können Sie mit der Alexa App auf dem Tablet die eigenen Anrufe starten.

Professionelle Dateneingabe

Gerade bei der normalen Handhabung und der Eingabe von unterschiedlichen Daten des Tablets Fire HD gibt es eine ganze Reihe von Tipps, die den normalen Umgang mit dem Gerät deutlich vereinfachen. Hier die wichtigsten Handgriffe, Tipps und Besonderheiten im täglichen Umgang mit dem Tablet von Amazon.

Zahlen und Sonderzeichen

Das schnelle Eingaben von Zahlen und Sonderzeichen ist bei fast jedem Gerät eine schwierige Angelegenheit. Beim Fire rufen Sie die Zahlen und Sonderzeichen über die virtuelle Tastatur mit der Taste *?123* und/oder mit der Taste =\< auf.

Schneller Zugriff auf Zahlen

Die Standard-Buchstabenreihe bietet bei der oberen Reihe von Buchstaben noch eine nützliche Funktion, um Zahlen schneller einzugeben. Halten Sie die jeweilige Buchstaben-Taste, so wird die jeweilige Zahl eingeblendet. Die betreffende Zahl wird jeweils in der oberen Ecke der virtuellen Taste permanent eingeblendet. So können Sie beispielsweise Zahlen in einem Fließtext eingeben, ohne ständig die Tastatur umzuschalten.

Sonderzeichen auf der Tastatur

Wer häufig Texte oder Nachrichten mit dem Fire erstellt, benötigt natürlich auch die typischen, länderspezifischen Sonderzeichen, unabhängig um welche Sprache es sich handelt. Diese sind jedoch nicht auf der virtuellen Tastatur im ersten Blick ersichtlich. Mit einem einfachen Trick stehen die gewünschten Sonderzeichen dennoch zur Verfügung. Halten Sie einfach für einen kurzen Moment die betreffende virtuelle Taste und es erscheinen in einem separaten Menü alle verfügbaren Zeichen.

Dabei arbeitet diese Funktion in zwei Schritten. Halten Sie die betreffende Taste nur für einen kurzen Augenblick, dann wird nur die Zahl oder das Sonderzeichen eingeblendet, die auch auf der jeweiligen Taste in der oberen rechten Ecke eingeblendet wird. Halten Sie die gewünschte Taste noch einen Augenblick länger, dann werden bei allen Tasten noch weitere Sonderzeichen eingeblendet.

Zusätzliche Sonderzeichen bei dem Zahlen

Auch bei den Zahlen existieren zusätzliche Sonderzeichen, die nicht auf der Grundtastatur verzeichnet sind. Auch hier halten Sie einfach die jeweilige Tastatur für einen kurzen Augenblick fest. Hinter folgenden Zahlen verbergen sich weitere Sonderzeichen bzw. mathematische Zeichen (Brüche): *1, 2, 3, 4, 5, 7, 0.*

Weitere Sonderzeichen

Hinter folgenden Tasten verbergen sich weitere Sonderzeichen: *€, %, *, -, +, (,)*. Auch den Anführungszeichen, dem Fragezeichen, dem Ausrufungszeichen und dem Semikolon sind weitere Zeichen verborgen.

Der Punkt ohne Sonderzeichen

Egal auf welcher Tastatur Sie sich gerade befinden, der Punkt und das Komma bleiben Ihnen stets erhalten. Allerdings verbirgt sich hinter dem Punkt kein Sonderzeichen.

Einstellungen für die Tastatur aufrufen

Halten Sie die Leertaste für einen Augenblick gedrückt, gelangen Sie zu den *Tastureinstellungen*. Hier können Sie verschiedene Parameter für die Tastatur setzen (z.B. Sprache, Ton beim Tastendruck, Korrekturvorschläge oder Rechtschreibempfehlungen).

Die Feststelltaste aktivieren

Anders als auf einer klassischen Computertastatur ist beim Fire die Feststelltaste nicht standardmäßig aktiviert. Dies ist allerdings bei der häufigen Text-Eingabe durchaus notwendig. Es genügt ein doppeltes Antippen der *Shift-Taste* und die Großschreibung ist aktiviert. Wird die Taste nochmals betätigt, wird die Funktion wieder deaktiviert.

Eine größere Tastatur

Das Display des Tablets bietet natürlich nicht die gewohnte Größe einer normalen PC-Tastatur. Entsprechend klein sind die einzelnen Tasten. Wenn Sie häufig Eingaben über die virtuelle Tastatur des Kindles eingeben müssen, dann halten Sie das Gerät einfach quer zur Längsseite. Entsprechend dreht die Ansicht und die Tastatur wird bei einer Eingabe deutlich größer.

Geteilte Tastatur

Ähnlich wie bei anderen Tablets bietet jetzt auch der Fire HD die Möglichkeit, die virtuelle Tastatur zu teilen. So können Sie bequem das Gerät mit beiden Händen halten und dann den Text mit den Daumen eingeben, wie man es auch von Handy oder Smartphone her kennt. Dies ist besonders bei dem großen Fire HD eine sinnvolle Ergänzung, wenn Sie beispielsweise unterwegs schnell einen Text erfassen müssen.

Die Funktion rufen Sie über die Taste mit dem Komma auf. Halten Sie die Taste für einen kurzen Moment. Sowie das Sonderzeichen mit der stilisierten Tastatur auftaucht, lassen die Taste los und Ihr Kindle blendet die geteilte Tastatur ein.

Sonderfunktionen zur Textbearbeitung

Selbst hinter der *Umschalttaste* zwischen Textzeichen und Ziffern finden Sie noch weitere Funktionen zur Datenbearbeitung. Diese Funktion ist auf der virtuellen Tastatur mit der kleinen Schere am unteren rechten Rand gekennzeichnet. Rufen Sie diese Funktion auf, so erhalten Sie eine Reihe von Funktionen, um einen Text effektiv zu bearbeiten. So stehen Ihnen die Funktionen *Ausscheiden*, *Tabulator*, *Text auswählen*, *Kopieren*, *Einfügen* und *Alles auswählen* zur Auswahl. Damit lassen sich bestehende Texte sehr komfortabel bearbeiten.

Gesprochenes Wort aufnehmen

Eine interessante Funktionalität verbirgt sich hinter der Taste mit dem stilisierten Mikrofon. Hierüber rufen Sie die integrierte Sprachaufnahme auf. Ähnlich wie bei Siri, dem digitalen Sprach-Assistenten von Apple, können Sie über die Funktion ihr gesprochenes Wort in Text automatisch umsetzen. Auch wenn die Funktionalität noch in den Kinderschuhen steckt, so ist doch das Ergebnis erstaunlich gut. Wichtig dabei ist, dass Sie bei der Textansage nicht vergessen, auch die Satzzeichen anzusagen. Mit etwas Geduld lassen sich so zumindest kurze Texte gut einsprechen.

Hinweis: Das Mikrofon befindet sich übrigens an der Oberseite der vorderen Kamera.

Autokorrektur überlisten

In manchen Situationen ist die Autokorrektur doch etwas störend. Es werden Begrifflichkeiten, Bezeichnungen, Namen und Marken einfach verändert, die eigentlich nicht angepasst werden sollen. Mit einem kleinen Trick lässt sich dies umgehen, zumal Sie auf die integrierte Rechtschreibkorrektur nicht gänzlich verzichten wollen.

Geben Sie einfach unter einem neuen Kontakt in die Felder Nachname oder Vorname die Begriffe und Worte ein, die nicht von der Autokorrektur verändert werden sollen. Speichern Sie die nun die Begriffe als neuen Kontakt ab, interpretiert das System diese Begriffe als Namen und ändert diese nicht mehr automatisch ab. Dies funktioniert allerdings nur bei Begriffen mit mehr als zwei Zeichen. Einen Einfluss auf die Kurzbefehle gibt es ebenfalls nicht. Diese lassen sich über diesen Weg nicht überlisten, was auch nicht sinnvoll wäre.

Für Vielschreiber eine Bluetooth Tastatur

Der Fire HD besitzt zwar ein hochauflösendes Display und einen leistungsstarken Prozessor, doch bei der Eingabe von längeren Texten hört der Spaß meist auf. Doch längst haben die Hersteller diesen Bedarf erkannt und bieten im Handel die passenden **Tastaturen** für einen verbesserten Eingabe-Komfort bei dem Kindle an. So können auch Autoren unterwegs ihre Texte schnell und komfortabel verfassen. Beim Anschluss der jeweiligen Tastatur hat sich eindeutig **Bluetooth** als *Quasi-Standard* etabliert.

Nachteilig ist allerdings, dass beim Einsatz einer externen Tastatur die integrierte Bildschirmtastatur nicht mehr zur Verfügung steht. Eine gleichzeitige Nutzung ist nicht vorgesehen. Erst wenn Sie die Verbindung zur externen Tastatur trennen, ist die **virtuelle Texteingabe** wieder möglich. Bei einigen Tastaturen ist sogar ein Neustart notwendig.

Sicherheit & Nutzung

Sorgen Sie auch bei der eigenen Nutzung von Apps für Sicherheit. Was viele Anwender überhaupt nicht ahnen, auch bei den Apps lauern unliebsame Gefahren. Sie können dafür sorgen, dass sich Viren, Trojaner oder andere Schädlinge auf dem eigenen Rechner oder mobilen Gerät unbemerkt einnisten und für einen beträchtlichen Schaden sorgen können.

Sicherheit steht an erster Stelle

Ein Knopfdruck genügt und der Fire geht online. Dabei sind spezielle Sicherheitsmaßnahmen auf den mobilen Geräten noch die Seltenheit, entsprechend angreifbar ist der digitale Begleiter. So kann es leicht einmal passieren, dass eine App aus einer unsicheren Quelle eine Nachricht selbstständig auslöst. Als Empfänger steht eine kostenpflichtige Rufnummer, die natürlich umgehend das eigene Konto belastet. Auch Abo-Fallen bedienen sich gerne dieser Vorgehensweise. Sie klicken in der Hektik auf einen Banner, der aufgrund des kleinen Displays kaum zu erkennen ist und wenige Tage später flattert die erste Rechnung ins Haus. Auch wenn Ihnen bei der richtigen Vorgehensweise kaum Kosten entstehen, so steckt doch ein gewisser Aufwand hinter der Aktion.

Denken Sie an Ihre persönlichen Daten

Doch es kann auch schlimmer kommen. Fast immer haben Sie auf Ihrem mobilen Gerät persönliche Daten hinterlegt. Kommen diese in falsche Hände, kann Ihnen ein beträchtlicher Schaden entstehen. Dennoch möchte heute niemand mehr auf die kleinen, nützlichen Programme verzichten. Mit dem richtigen Verhalten können Sie zumindest für ein hohes Maß an Sicherheit im Umgang mit den Apps sorgen.

Nutzen Sie nur Apps von der Amazon Plattform

Schon die erste Auswahl ist entscheidend. Beziehen Sie nur von bekannten und seriösen Plattformen Ihre Apps. Apps werden heute auf den unterschiedlichsten Plattformen ausgewählt. Gerade auf freien Plattformen ist nicht immer gewährleistet, dass es sich um seriöse Anbieter handelt. Mehr Sicherheit bieten die großen Marktplätze der einzelnen Hardware-Anbieter, wie Apple, Amazon, Nokia oder vergleichbare Angebote. Gleiches gilt auch für die Anbieter von Betriebssystemen (Google, Windows). Hier werden zumindest erste Sicherheits-Checks beim Aufspielen der jeweiligen Apps durchgeführt.

Tipp: Immer können Sie auch Apps aus anderen App-Shops beziehen. In diesem Fall sollten Sie die notwendige Vorsicht walten lassen.

Welche Zugriffsrechte besitzen einzelne Apps

Zunächst sollten Sie selbst überprüfen, welche App überhaupt bestimmte Zugriffsrechte beansprucht. Bei fast allen Betriebssystemen können Sie dies bei den individuellen Einstellungen überprüfen. Sollte ein Programm besondere Zugriffe beanspruchen, die zu der eigentlichen Anwendung überhaupt nicht passen, dann sollten Sie die besagten Rechte einschränken oder im Zweifelsfall die App endgültig löschen.

Unter *Einstellungen / Anwendungen* können Sie sich einen Überblick über die einzelnen Apps auf Ihrem Fire HD(X) verschaffen. Dabei wird zwischen den *Amazon Anwendungen* und allen anderen Apps unterschieden,

Lesen Sie abgegebenen Bewertungen

Halten Sie Ausschau nach entsprechenden Bewertungen zu einzelnen Anwendungen. Werfen Sie unbedingt einen Blick in die Bewertungen von anderen Nutzern. Fast alle großen Marktplätze bieten die Möglichkeit an, seine persönlichen Erfahrungen bei dem betreffenden App zu veröffentlichen. Dabei sollten Sie sich nicht unbedingt von der Anzahl der Bewertungen leiten lassen. Schauen Sie eher nach konkreten Hinweisen zu Sicherheitsmängeln einzelner Nutzer. Sollten Ihnen vor dem eigentlichen Herunterladen erste Zweifel kommen, laden Sie diese App nicht auf ihr Gerät.

Immer die neueste Version aufspielen

Seriöse Anbieter bringen regelmäßig neue Versionen von ihren Programmen auf den Markt. Häufig werden bestimmte Sicherheitsmängel bei einzelnen Apps erst im täglichen Betrieb sichtbar. Diese werden dann über Updates von den Herstellern beseitigt. Daher sollten Sie stets die neueste Version des jeweiligen Apps auf Ihrem Rechner haben. Bei den großen Plattformen (Windows, Apple etc.) gibt es bei der betreffenden App einen Hinweis, so dass Sie wissen, dass ein Update verfügbar ist.

Nutzen Sie spezielle Sicherheits-Apps

Längst gibt es zur eigenen Sicherheit spezielle Apps, die Ihr System auf sogenannte Malware oder Viren hin überprüfen. Hier existieren längst leistungsstarke Tools, die diese permanente Überprüfung für Sie übernehmen. Wenn Sie sich bei einzelnen Tools nicht sicher sind, ob das betreffende App ausreichend für Sicherheit sorgt, dann recherchieren Sie ausgiebig im Netz, bevor Sie die Software auf Ihren Fire herunterladen.

Legen Sie einen Passwortschutz an

Natürlich bietet Ihr Fire auch einen eigenen Passwortschutz an. Dieser ist standardmäßig nur nicht auf dem Gerät aktiviert. So können Sie zumindest Ihr Tablet vor Dritten schützen und unterbinden den ungewollten Zugriff über das Display. Begeben Sie sich dazu über den

Menüpunkt *Mehr > Einstellungen* in den Bereich *Sicherheit*. Hier wählen Sie gleich den ersten Punkt *Passwort zum Entsperren des Bildschirms*.

Sowie Sie die Funktion aktivieren, werden Sie aufgefordert, eine PIN aus mindestens vier Zeichen einzugeben. Nach Abschluss der Eingabe und bei einem erneuten Start des Fires wird nun der Anwender aufgefordert diese PIN einzugeben. Wer nicht über diese PIN verfügt, gelangt auch nicht an die Daten Ihres Tablets.

Der perfekte Datenaustausch

Die eigentliche Stärke des Fires ist natürlich der Umgang mit vielen unterschiedlichen Medien. Hier kann das Gerät seine eigentliche Stärke ausspielen.

Speichern Sie Ihre Medien in der Cloud

Eine der wesentlichen technischen Neuerungen in der letzten Zeit ist zweifelsohne die Cloud-Technologie. Auch Amazon bedient sich dieser Technik. Dabei handelt es sich in erster Linie um einen Online-Speicher, der via Internet angesprochen werden kann. So können dort auf dem jeweils reservierten Speicherplatz die unterschiedlichsten Daten abgespeichert werden.

Insgesamt stellt Amazon jedem Kunden fünf GB Speicherplatz kostenlos zur Verfügung. Diesen Speicher kann jeder frei nutzen. Wer einen größeren Speicherplatz benötigt, muss diesen von Amazon kostenpflichtig erwerben.

Auf den Speicherplatz können Sie über Ihren Kindle zugreifen, sofern dieser Online ist. Alternativ können Sie auch über die Webseite von Amazon einen Blick auf die enthaltenen Daten und Verzeichnissen werfen.

Vom Datenträger auf das Tablet

Sollten Sie Musiktitel bei einem anderen Anbieter käuflich erworben haben und die Musikdateien sind mit einer Nutzungsbeschränkung (z.B. DRM Digital Rights Management) versehen, müssen Sie einen zusätzlichen Arbeitsschritt einlegen. Brennen Sie zunächst die betreffenden Titel auf eine CD-ROM. Anschließend lassen sich die enthaltenen Titel auf den Fire importieren.

Diese Vorgehensweise ist zwar etwas umständlich, aber der einzige Weg, die betreffenden Musiktitel auf Ihrem Fire abzuspielen. Gleiches gilt auch für Original-Datenträger, die dann importiert werden müssen.

Das Tablet an externe Geräte anschließen

Natürlich können Sie das multimediale Erlebnis mit Ihrem Fire noch verstärken, wenn Sie Ihr Gerät an externe Systeme anschließen. Fast unbemerkt besitzt dafür der Kindle zwei interessante Schnittstellen. Dazu besitzt der Fire eine Kopfhörerausgabe sowie einen Micro-HDMI-Anschluss. Über den Kopfhöreranschluss lässt sich problemlos eine Aktivbox oder eine geeignete Musikanlage anschließen. Sie werden sich dann wundern, welches enorme Soundvolumen Ihr Kindle besitzt.

Noch interessanter ist der Micro-HDMI-Anschluss. Leider ist ein entsprechender Adapter oder ein spezielles Kabel nicht im Lieferumfang enthalten. Doch für einen kleinen Betrag ist ein passendes Kabel im Fachhandel verfügbar.

So lässt sich problemlos ein großer Fernseher oder ein Monitor an den Fire anschließen. So zaubern Sie das Bild auf ein großes Display, was besonders bei Videos einen deutlichen Zugewinn bedeutet. Selbst Games oder kleine Präsentationen sehen auf einem großen Bildschirm deutlich besser aus.

Hinweis: Leider verzichtet Amazon bei seinen neuen HD-Modellen auf den HDMI-Anschluss. Die neuen Geräte verfügen über eine sogenannte Miracast-Schnittstelle, die momentan nur von wenigen Geräten unterstützt wird. Alternativ können Sie aber einen Bildschirm oder Beamer mit einem externen Miracast-Adapter erweitern.

Miracast im Einsatz

Sofern Sie bereits über die passende Hardware (z.B. Bildschirm) verfügen, können Sie drahtlos den Inhalt Ihres Kindle Displays auf den gewünschten Monitor übertragen. So können Sie Fotos, Videos, Fernsehfilme und andere Inhalte einfach auf einem größeren Display betrachten. Dabei werden Bild und Ton parallel an das andere Gerät übertragen.

Die notwendigen Einstellungen bei Ihrem Fire HD finden Sie unter *Einstellungen / Töne und Bildschirm* unter dem Punkt *Display duplizieren*. Wählen Sie diesen Menüpunkt aus, so beginnt der Kindle nach geeigneten Geräten zu suchen.

Das Tablet als Fotoapparat

Bei älteren Modellen des Tablets gab es zwar eine integrierte Front-Kamera, die beispielsweise bei Skype oder anderen Videoanwendungen zum Einsatz kam, doch einfach nur ein Foto schießen, funktioniert nur auf Umwegen. Das Problem war, dass Amazon kein separates App für die Kamera mitlieferte. Dieses Problem hat Amazon nun durch eine eigene Kamera gelöst.

Eine weitere Möglichkeit ist die Nutzung der vielen kostenlosen Apps im Amazon Shop. Hier existiert eine ganze Reihe von Anwendungen, die die Kamera-Funktion unterstützen. Unsere Empfehlung: *Photo Editor* oder die Kamerafunktion bei *Evernote*.

Bei den aktuellen Modellen verfügen der Fire HD und der Fire HD über eine HD-Frontkamera mit 720p, die sich für Videocalls über Skype HD und vergleichbare Dienste bestens eignen.

Der Fire HD verfügt zusätzlich noch auf der Rückseite über eine 2MP-Kamera, mit der Sie hochauflösende Fotos schießen und 720p-Videos aufnehmen können.

Fotos mit hohem Dynamikumfang

Wer einen Fire HD besitzt, kann mit der rückwärtigen Kamera sogenannte HDR-Bilder erzeugen, also Fotos mit einem sehr hohen Dynamikumfang. Dies ist besonders dann sinnvoll, wenn Sie Motive mit sehr großen Helligkeitsunterschieden wiedergeben möchten.

Diese Funktion erreichen Sie über das neue *Foto-App* auf Ihrem Fire HD. Hier wählen Sie im unteren Menü das *Einstellungs-Symbol* (Zahnrad) auf der linken Seite. Anschließend schalten Sie die Funktion *HDR* ein.

Hinweis: Leider hat Amazon bei dem aktuellen Tablet auf die bisher verfügbare Panorama-Funktion verzichtet. Auch den integrierten Blitz älterer Geräte sucht man vergeblich.

Bearbeitung von Fotos

Eine wirklich interessante Funktionalität bietet das *Foto App* mit der Möglichkeit, die vorhandenen Fotos zu bearbeiten. Begeben Sie sich dazu über das App in die Übersicht der Fotos. Hier wählen Sie über das *Bearbeitungs-Symbol* (kleiner Stift) die Funktion aus. Sie können diese Funktion auch über das Hauptmenü Ihres Kindles auswählen. Wählen Sie dazu den Menüpunkt *Fotos* aus und klicken dann ebenfalls auf das *Stift-Symbol*.

Insgesamt stehen 8 verschiedene Bearbeitungsfunktionen zur Auswahl, die teilweise beeindruckende Ergebnisse liefern. Sind Sie jeweils mit dem Ergebnis zufrieden, dann klicken Sie einfach auf *OK*. Ein Zurücknehmen einzelner Arbeitsschritte ist allerdings nicht vorgesehen. Sie sollten daher stets eine Kopie eines Fotos bearbeiten.

Filme, Serien, Hörbücher und Musik

Natürlich können Sie mit Ihrem Fire auch Musik verwalten und entsprechend abspielen. Dabei haben Sie die Wahl, die einzelnen Musikstücke direkt auf Ihrem Tablet abzulegen oder die Musik in der Cloud zu streamen. Wer also sehr viele Musikdateien besitzt bzw. erwirbt, sollte unbedingt die Nutzung der Amazon-Cloud in Betracht ziehen, da der Speicherplatz des Kindles natürlich nur begrenzt ist.

Fire als Festplatte für Musikdateien nutzen

Natürlich können Sie auch bereits bestehende Musikdateien auf Ihrem Fire übertragen. Nutzen Sie einfach das beiliegende USB-Kabel und schließen das Gerät an Ihren PC an. Hier sollte nun das Tablet als eigenes Speichermedium auftauchen. Sie erkennen sofort eine größere Anzahl von Unterverzeichnissen. Wählen Sie das Verzeichnis *Music* aus.

Nun können Sie einfach die gewünschten Musikdateien von Ihrem Rechner auf den Kindle übertragen. Wichtig dabei ist, dass die zur Verfügung gestellten Musikstücke zwingend frei von Nutzungsbeschränkungen einzelner Anbieter sein müssen. Ansonsten können Sie die Titel nicht auf

Legen Sie eigene Playlists an

Eine sehr nützliche Funktion ist das Anlegen von individuellen Playlists. Hier lässt sich einfach eine beliebige Reihenfolge von Musiktiteln erzeugen, die dann jeweils unter einem Namen abgespeichert wird. Anschließend können Sie dann diese hinterlegten Titel über diese Bezeichnung aufrufen und jederzeit abspielen. Sie sparen sich somit das langwierige Auswählen einzelner Titel.

Dabei können Sie natürlich beliebig viele Playlists erzeugen und einzelne Titel dürfen natürlich mehrfach in unterschiedlichen Playlists auftauchen. Zudem lässt sich jede Playlist jederzeit verändern. Leider lassen sich momentan bestehende Playlists nicht problemlos an andere Nutzer versenden.

Musik von iTunes übertragen

Erstaunlicherweise lassen sich auch Titel direkt aus iTunes auf den Fire übertragen. Dazu müssen Sie im ersten Schritt Ihren Fire per USB an Ihren Rechner anschließen, auf dem Ihr iTunes installiert ist.

Dann wechseln Sie auf Ihrem Computer (*Windows 8 / Windows 10*) in das iTunes-Verzeichnis. Meist finden Sie die Daten unter *Bibliotheken / Musik / iTunes / iTunes Media / Music*. Der genaue Ort kann natürlich von Gerät zu Gerät unterschiedlich sein.

In dem betreffenden Verzeichnis finden Sie alle Ihre Daten nach Interpreten sortiert. Dabei sollten Sie das gesamte Unterverzeichnis eines betreffenden Interpreten einfach in das Verzeichnis *Music* auf Ihrem Tablet verschieben bzw. kopieren.

Anschließend finden Sie die gewünschten Dateien auf Ihrem Kindle im Bereich *Musik* wieder. Da Sie die gesamten Daten des jeweiligen Interpreten übertragen haben, werden in der Regel der Name des Interpreten, das dazugehörige Album und das aktuelle Cover korrekt angezeigt.

Hinweis: Leider gibt es dennoch immer wieder Ausnahmen, bei der die Übernahme nicht korrekt funktioniert.

Eigene Videos abspielen

Etwas schwieriger gestaltet sich das Abspielen von eigenen Videos bzw. von gekauften Videos. Grundsätzlich lassen sich Videos nicht einfach über die normale Oberfläche des Fires abrufen. Hier hat Amazon eine Verbindung fest mit dem eigenen Dienst Amazon Video eingebaut. Somit sind eigene Videos über die normale Oberfläche sichtbar, auch wenn die Videos auf dem Fire Tablet vorhanden sind. Entsprechend lassen sich die einzelnen Dateien auch nicht aufrufen.

Der einfachste Weg ist die Nutzung des Apps *Persönliche Videos*. Diese Anwendung ist bei dem Fire HD 10 bereits vorinstalliert. In einigen Fällen müssen Sie die kostenlose Anwendung noch herunterladen. Nach dem Aufruf erhalten Sie eine Übersicht der verfügbaren Videos auf Ihrem Tablet.

Tricks und Tipps mit dem Fire Tablet

Natürlich existieren eine Reihe von Funktionen und Handgriffe, die Sie nicht direkt in einem Handbuch oder auf der Webseite von Amazon finden werden.

Stromsparen mit dem Fire Tablet

Auch das Fire HD Tablet verbraucht Strom und die Leistung der Akkus ist ebenfalls begrenzt. Besonders wenn Sie mit ihrem Tablet Fire HD unterwegs sind, sollten Sie versuchen, den Stromverbrauch einschränken. Daher gibt es einige Dinge, die Sie tun können, um die Akkuleistung deutlich zu verlängern. Grundsätzlich gelten natürlich die Tipps zum Stromsparen für alle Fire Tablet Modelle.

Schalten Sie einfach mal ab

Schalten Sie Ihr Fire Tablet nach jedem Gebrauch ab. Warten Sie nicht erst ab, bis das Gerät selbst in den Standby-Modus springt. Mit dieser Vorgehensweise sparen Sie deutlich Energie. Drücken Sie die *Ein-/Aus-Taste* einmal kurz und das Tablet schaltet ab. Zwar genügt eine Ladung für rund 8-10 Stunden, allerdings benötigt das Gerät auch einen vergleichbaren Zeitraum, um wieder die volle Ladung zu erhalten.

Bluetooth abschalten

Auch eine eingeschaltete Bluetooth-Funktion verbraucht unnötig Energie, wenn sie nicht gebraucht wird. Also schalten Sie die Funktion ab. Auch aus Sicherheitsgründen sollten Sie diese Funktion nur einschalten, wenn diese wirklich benötigt wird. Auch diese Funktion wird über *Einstellungen >Verbundene Geräte* mit dem Menüpunkt *Bluetooth* ein- und ausgeschaltet.

Weniger Helligkeit

Reduzieren Sie die Bildschirmhelligkeit, indem Sie über *Einstellungen > Display* mittels Schieberegler die Helligkeit reduzieren. Wenn Sie die *Adaptive Helligkeit* deaktivieren, merkt sich das Tablet Fire die gewählte Helligkeitsstufe. Nachteil: Je heller die Umgebung, desto schlechter wird die Ablesbarkeit des Displays. Alternativ können Sie die Helligkeit manuell herunterregeln, die *Adaptive Helligkeit* bleibt aber aktiviert. So senken Sie das Grundniveau, nutzen aber weiterhin die anpassbare Beleuchtung. Die passenden Einstellungen finden Sie ebenfalls unter *Einstellungen > Display*.

Schneller in den Ruhezustand

Beim Fire können Sie über den Menüpunkt *Ruhezustand* die Zeit bestimmen, wann das Gerät in den Ruhezustand geht. Sie finden auch diese Einstellungen unter *Einstellungen > Display / Ruhezustand*. Standardmäßig ist das Gerät auf 10 Minuten eingestellt (*Display-Timeout*). Reduzieren Sie die Zeit auf 1 Minute oder 30 Sekunden, sparen Sie Akkuleistung. Allerdings kann eine Reduzierung der Zeit eine deutliche Einschränkung in dem eigenen Arbeitsablauf bringen.

USB-Schnittstelle bietet nicht genügend Energie

Eine normale USB-Schnittstelle an einem handelsüblichen Computer, mit einer niedrigen Kapazität, bietet nicht genügend Energie, um das Tablet Fire HD aufzuladen und gleichzeitig zu betreiben. Daher sollten Sie zum schnellen und sicheren Laden stets einen spezielles Ladenkabel nutzen, dass direkt an einer Stromquelle sitzt. Zumal es über diesen Weg auch deutlich schneller geht.

Musik und Videos steigern den Stromverbrauch

Gerade das Abspielen von Musik oder von Videos sorgt dafür, dass der Stromverbrauch Ihres Fire HDs deutlich ansteigt. Wer mobil mit seinem Tablet unterwegs ist, sollte daher auf den Genuss dieser Medien möglichst verzichten. Viele Nutzer spielen gerne beim Lesen eines eBooks gleichzeitig ihre Lieblingsmusik ab. Auf diesen Luxus sollten Sie zumindest unterwegs einschränken.

Zusätzliche Software sorgt für Ersparnis

Die unterschiedlichen Möglichkeiten, die Akkuleistung durch eine reduzierte Nutzung des Tablets einzuschränken, ist bei Amazon nur auf ein Minimum beschränkt. Es können eigentlich nur die wichtigsten Parameter verändert werden. So existiert eine Reihe von Apps, mit dessen Hilfe Sie die beispielsweise den Kontrast und die Helligkeit des Displays stufenlos regulieren können.

Spezielle Schutzhülle schaltet das Gerät sofort ab (HD)

Diese spezielle Schutzhülle versetzt Ihr Tablet Fire HD sofort in den Ruhemodus, wenn diese geschlossen ist. Eine vergleichbare Technik kennt man auch von den Apple-Produkten. So sparen Sie deutlich Strom, wenn Sie die Hülle nach dem Gebrauch sofort auf das Tablet stecken. Die Hülle ist natürlich im Amazon Shop verfügbar.

Schnelle Ladung im Flugmodus

Wer viele stromfressende Funktionen mit einem Schlag bei seinem Tablet Fire ausschalten möchte, sollte dazu einfach den Flugmodus aktivieren. Diese finden Sie unter den *Einstellungen* gleich als erste Position *Flugmodus*. Interessanterweise funktioniert auch das Laden schneller im Flugmodus.

Weitere Titel und Angebote

An dieser Stelle haben wir einige Produkte zusammengestellt, die andere Käufer ebenfalls für interessant hielten. **Eine Gesamtübersicht unter Streamingz finden Sie hier**:

Unser Tipp: Mein persönliches TV Serien-Tagebuch: Für ihre Lieblingsserien beim TV Streaming

Amazon Echo 2019 – der inoffizielle Ratgeber: Die besten Tipps zu ihrem Sprachassistenten. Alexa, Echo, Echo Dot, Skills und Smart Home

Ein Sprachassistent, der fast jedes Sprachkommando verarbeitet, sich einer künstlichen Intelligenz bedient und stetig erweitert werden kann, kannte man bisher nur aus Science-Fiction Filmen. Mit Alexa hat Amazon diesen Traum zur Marktreife gebracht. Alexa als übergreifendes System, dass cloudbasiert und geräteunabhängig funktioniert, damit ist Amazon ein echter „Wurf" gelungen.

Mit der Kombination aus der Sprachsoftware Alexa und dem Lautsprecher Echo präsentiert Amazon erstmals eine autarke Lösung, die unabhängig von einem Computer funktioniert. Mit dieser Verknüpfung hat das Unternehmen die Messlatte für die Konkurrenz deutlich höher gelegt. Zumal Alexa bereits nach kurzer Markteinführung erstaunliche Ergebnisse abliefert. Hier ist der dazu passende Ratgeber.

Amazon Echo 2019 – der inoffizielle Ratgeber: Die besten Tipps zu ihrem Sprachassistenten. Alexa, Echo, Echo Dot, Skills und Smart Home

ASIN (eBook): **B07L3ZQD1C**
Hinweis: Jetzt auch als Taschenbuch ISBN: **1791735002**

Fire TV Stick 4K – der inoffizielle Ratgeber: Die besten Tricks beim Streaming: Installation, Alexa, Apps, Musik, Games. Inkl. 333 Alexa-Kommandos

Mit dem neuen Fire TV Stick 4K ist Amazon ein echter Wurf gelungen. Zu einem wirklich günstigen Preis bietet der Streaming-Stick beste Qualität beim Streaming. Im Vergleich zum Vorgängermodell legt der neue Stick deutlich bei der Leistung zu und muss den Vergleich mit vergleichbaren Lösungen nicht scheuen. Erstmals bietet ein mobiler Stick somit Filme und Serien in bester Ultra HD-Qualität (4K). Zudem werden High Dynamic Range (HDR), Dolby Vision und Dolby Atmos unterstützt.

ASIN (ebook): **B07KRSFGG2**
Hinweis: Jetzt auch als Taschenbuch ISBN: **1790860807**

Echo Show 5 – der inoffizielle Ratgeber: Noch mehr Leistung: Skills, Fakten, Lösungen und Tipps – Intelligenz aus der Cloud

Mit dem neuen Echo Show 5 ist Amazon ein weiterer genialer Schachzug gelungen, der sich optimal in die Amazon-Welt einfügt. Der smarte Lautsprecher mit 5-Zoll Display ergänzt perfekt das heimische Umfeld. Echo Show 5 findet seinen Platz in der Küche, im Schlafzimmer oder am Arbeitsplatz. Ein intelligenter Radiowecker 4.0 mit Sprachsteuerung. Ein echter digitaler Helfer, der die bisherigen Echo-Geräte leicht in den Schatten stellt.

Dabei bietet der neue Echo Show einen ausgezeichneten Klang trotz seiner handlichen Form. Das Display liefert viele nützliche Informationen und ergänzt die Sprachsteuerung von Alexa perfekt.

ASIN (eBook): **B07V9PQB6W**
Hinweis: Jetzt auch als Taschenbuch ISBN: **1081113707**

Die 99 besten Alexa Skills: Die besten Erweiterungen für die Kommunikation mit Alexa – Wissen aus der Cloud

Amazons Alexa scheint aktuell das Maß aller Dinge zu sein, wenn es um einen sprachgesteuerten Assistenten geht. Dabei weist das System bereits zum jetzigen Zeitraum eine Fülle an Sprachbefehlen auf, die unterschiedlichste Themenbereiche abdecken. Dabei ist die Sprachfähigkeit von Alexa wirklich überzeugend. Bereits bei Lieferung zeigt Alexa auf den unterstützten Geräten beachtliche Ergebnisse.

Doch der Sprachassistent geht noch einen Schritt weiter. Um die vielfältigen Möglichkeiten von Alexa weiter auszuschöpfen, haben die Macher Alexa als offenes System konzipiert. Jeder Programmierer, der sich dazu befähigt sieht, kann über eine frei zugängliche Schnittstelle eigene Anwendungen für Alexa entwickeln und diese unter Amazon veröffentlichen. Das Ergebnis sind sogenannte Skills. Die hier vorgestellten Skills sind die eigentlichen Highlights bei Amazon und sollten auf jedem Alexa-Account zu finden sein. Natürlich ist dies eine rein subjektive Einschätzung der vorgestellten Skills. Dennoch bietet diese Sammlung von Skills zumindest einen ersten Anhaltspunkt für die persönliche Erweiterung von Alexa.

Die 99 besten Alexa Skills: Die besten Erweiterungen für die Kommunikation mit Alexa – Wissen aus der Cloud

ASIN (eBook): **B07P9VR15S**
Hinweis: Jetzt auch als Taschenbuch ISBN: **1091654522**

Die 444 besten Easter Eggs von Alexa: Lustigste und tiefsinnige Antworten des Sprachassistenten – Humor aus der Cloud

Was haben eigentlich *Easter Eggs* (Ostereier) mit Alexa zu tun? Ähnlich wie bei Ostereiern, sind auch digitale Easter Eggs (lustige Gags, lustige Bemerkungen, witzige Zitate) im Inneren eines Systems versteckt. Man muss Sie suchen und entdecken. Jeder Anwender kennt sie von Google oder aus den unterschiedlichsten Computerprogrammen. Bei Alexa gibt es nur eine witzige Antwort zu entdecken.

Dabei ist es äußerst erstaunlich, mit wie viel Humor und Tiefgründigkeit der intelligente Sprachassistent daherkommt. Immer wieder stolpert der Anwender über durchaus witzige Antworten. Es ist es wirklich bemerkenswert, wie die Macher dem virtuellen Sprachassistenten so viel Menschliches einhauchen konnten. Auch wenn der Titel keinen tieferen Sinn verspürt, so macht es doch sehr viel Spaß, die Fähigkeiten und die damit verbundene Schlagfähigkeit des Sprachsystems zu ergründen.

Die 444 besten Easter Eggs von Alexa: Lustigste und tiefsinnige Antworten des Sprachassistenten – Humor aus der Cloud

ASIN (eBook): **B07583GZVV**
Hinweis: Jetzt auch als Taschenbuch – ISBN **197347848X**

Bullet Journals

Sie sind an Bullet Journals interessiert? Dann besuchen Sie unsere Seite unter **Streamingz.de/journals**. Einfach einscannen!

Wie hat Ihnen dieses Buch gefallen?

Unser kleines Team von Spezialisten ist bereits seit 1993 als Redaktionsbüro für die unterschiedlichsten Medien tätig. Bereits zu Beginn der Arbeit gehörte die Veröffentlichung von diversen Fachbüchern dazu.

Daher werden wir diesen Titel weiterhin pflegen und erweitern. Wir freuen uns über Ihre Meinung. Schreiben Sie uns an ebookguide@t-online.de oder an ebook@ebookblog.de mit dem Betreff *„Fire HD 10"*.

Unser Tipp: Beachten Sie bitte unseren Update-Service für diesen Titel!

Hinweis in eigener Sache, Rechtliches, Impressum

Vielen Dank

Wilfred Lindo

Internet: http://www.streamingz.de

Twitter: http://www.twitter.com/ebookguide

Facebook: https://www.facebook.com/streamingz.de

NEU: Die Seite zu smarten Lösungen: www.smartwatchz.de

Herausgegeben von:

ebookblog.de / ebookguide.de

Redaktionsbüro Lindo

Dipl. Kom. Wilfred Lindo

12349 Berlin

Produktion und -Distribution

Redaktionsbüro Lindo

Scan mich! Weitere Ratgeber, die ebenfalls für Sie interessant sind!

Aktuelles zum Titel

Eine Besonderheit dieses Buch ist die regelmäßige Weiterentwicklung. Mit neuen Updates bei den verschiedenen Plattformen kommen auch neue Funktionen und Anwendungen auf Sie zu. Daher erhalten Sie in regelmäßigen Abständen zu diesem Buchtitel ebenfalls entsprechende Updates.

Dabei existieren einige Grundvoraussetzungen, um stets in den Genuss der aktuellsten Version des vorliegenden Buches zu kommen. Diese Bedingungen sind allerdings bei jeder Angebotsplattform verschieden:

Amazon: Über die sogenannte *Buchaktualisierung* lassen sich Updates, die der betreffende Autor von seinem Titel eingespielt hat, automatisch über das Kindle-System einspielen. Um in den Genuss dieses Updates zu kommen, müssen Sie allerdings über Ihr Kindle-Konto die *Buchaktualisierung* einschalten. Sie ist standardmäßig nicht aktiv.

Webseite: Wir informieren Sie über unsere Webseite über aktuelle Updates unserer Titel.

Hinweis: Diese Angaben betreffen in erster Linie die Aufgabe als elektronisches Buch!

Update-Service

Beachten Sie bitte unseren **Update-Service** für diesen Titel! Scan mich!

Bildnachweis

Bilder, die nicht gesondert aufgeführt werden, unterliegen dem Copyright des Autors.

Historie

Aktuelle Version 3.0.1

www.ingramcontent.com/pod-product-compliance
Lightning Source LLC
Chambersburg PA
CBHW052142070326
40690CB00047B/1440